どうなる世界経済

入門　国際経済学

伊藤元重

JN229406

光文社新書

An Introduction to International Economics
by Motoshige ITOH
Kobunsha Co., Ltd., Tokyo 2016:10

はじめに

二〇一六年六月二三日、イギリスではEU（欧州連合）離脱の是非を問う国民投票が行なわれました。

私は、日本時間の二三日深夜に成田空港を発《た》ち、フランクフルトへ向かいました。私が飛行機で地上一万メートルの上空を飛んでいる間に投開票が行なわれ、フランクフルト空港到着とほぼ同時のタイミングで「イギリス、EU離脱へ」というニュースが世界中に配信されました。日本を出発する前には、EU離脱などということにはならないだろうと、大方の予想は楽観的なものでした。ところが蓋を開けてみたら、僅差とはいえ、離脱賛成票が残留賛成票を上回ったというのです。

フランクフルトは早朝の五時。まだあたりは薄暗く静かでした。

一方、すでに昼を回っている日本からは、ＥＵ離脱がほぼ確実となるや金融市場が大混乱に陥ったとのニュースが入ってきました。事実、日経平均株価は一時一万五〇〇〇円を割り込み、円ドルも九九円台をつけるなどマーケットは混乱している様子。遠く離れた日本からのニュースを見ながら、私が飛行機に乗っている間にいったい何が起こったのかと、不思議な気持ちにもなりました。

私がフランクフルトを訪れた目的は、イギリスの国民投票の翌日にあたる六月二四日にベルリンで開かれる会議に出席するためでした。その会議は主要国の経済財政諮問会議のメンバーが集結し、いくつかのテーマについて議論をするというものでした。会場に着くと、話題はイギリスのＥＵ離脱のことで持ち切りで、メンバーたちは会議前から熱っぽく興奮気味でした。

世界で最初にそのニュースに反応した日本の市場に続き、次々と開くアジアの市場、そして足元であるヨーロッパ、さらにアメリカと、世界中の国で株が暴落しました。グローバル経済について議論するために集まった各国の経済の専門家たちは、市場の連鎖をリアルタイムで感知し、その影響の大きささを肌で感じながら会議を進めるという稀有な体験をしたわけです。

しかしいまや、そうした体験をするのは、経済の専門家だけではありません。為替レートの影響を受け、輸入品に囲まれて暮らす私たちの生活は、国際経済の休むことのない動きのなかにあります。好むと好まざるとにかかわらず、地球の反対側で起きたできごとや現象の影響が、日本経済を大きく揺るがし、私たちの暮らしを変えていきます。グローバル化の進展で人、物、お金の移動が増せばさらに私たちを取り巻く環境は変化を余儀なくされるのです。

そうした変化を漫然と受け止めるだけでなく、あるいは急激な変化に漠然とした不安や苛《いら》立《だ》ちばかりを募らせることのないよう、私たちはいまこそ経済の本質をよく見ていかなければなりません。その思いから、昨年出版した『日本経済を「見通す」力』（光文社新書）に続き、今回、国際経済を見通す力を身につけるための一冊を、ここにまとめました。

本書は、二〇一五年の秋に五回にわたり、慶應丸の内シティキャンパス（慶應ＭＣＣ）にて講義をし、受講生の皆さんと議論をかわした内容をベースにまとめたものです。

国際経済がわかるようになると、日本経済はさらによく見えるようになります。

そして、その題材は日常のなかにあります。

日頃から気になっている国際経済の動向や、テレビやネットを見ていてふと疑問に思ったできごとや現象を通して、国際経済のメカニズムを学んでほしいと思います。

その水先案内として本書が必ず役に立つことと思います。

では、これから講義を始めます。

どうなる世界経済

目次

ガイダンス——国際経済学で日本と世界をつかめ

一　どうして国際経済学が必要か

伊藤　こんにちは。伊藤元重です。これから皆さんと、国際経済について一緒に学んでいきたいと思います。

ひと口に国際経済といっても、世界は広く、経済は激しく変化しています。五回ほどの講義で、ひと通り理解できるようになるのだろうかと疑問に思われるかもしれません。たしかに、大学の経済学部での授業のように最初からお話しするとなると、相当な時間を要します。しかし、社会人の皆さんや、学生でも経済が専門ではない人たちにとって、網羅的な知識が必要かといえばそうではないでしょうし、それが必ずしも有益とはかぎりません。

私はもう三〇年以上、国際経済を専門として研究と実務に携わってきていますので、かなり引き出しは多いつもりです。ですからぜひ皆さんに、私の引き出しからいろいろなものを引っ張り出してほしいと思います。あるいはそれぞれご自分の仕事のなかで、私より深い知識をお持ちの分野もあると思いますので、意見なり問題提起なりどんどん出してディスカッションしていきましょう。

最初に、これから講義していく前提として、国際経済学とはどのような学問かという話を少ししておきましょう。

皆さん、国際経済学って何を学ぶ学問だと思いますか？

生徒　世界のいろいろな国の経済について学ぶのではないですか。

伊藤　最も重要な対象国はどこでしょうか。

生徒　やはり経済大国一位のアメリカは重要です。それから中国ですね。そしてEUでしょうか。OECD諸国、あるいは新興国も、いまの日本にとってはとても重要です。テーマによって対象となる国は多様だと思います。

伊藤　それらの国の経済はたしかにどれも重要ですね。しかし、国際経済学においてアメリカやEUやアジアの国々が最重要な対象国かというと、それは違います。実は、そういう誤解がとても多いので、あえて最初に聞いてみたのです。

国際経済学には、世界のさまざまな国の経済について知るという側面もたしかにあるのですが、国際経済学の最も重要な対象は、自分たちの国の経済、つまり「日本経済」なのです。いま答えてくださったなかで、「いまの日本にとっては」とおっしゃいましたね。むしろポイントはそちらだということです。

国境を越えたいろいろな取引を詳しく分析することによって、日本経済の姿をきちっと見ましょうというのが国際経済学です。

生徒　なるほど。物も情報も人もお金も、グローバルに動いている時代です。日本のなかで起きていることだけを分析していたのでは見えない部分があるということですね。

伊藤　国境を越えて物（財）が移動することを貿易といいます。物だけでなくいまの時代は資本の移動も活発に行なわれていますね。すなわち国際投資です。あるいは人の移動も企業の移動もあります。私たちの日々の生活は、そうした国際経済の動きのなかで成り立っています。

テレビをつければ、国際経済がらみのニュースが報道されていますね。為替の変動や、輸入食品の値動き、外資系企業と日本企業の提携の話題――国際経済との関係なしには日本経済は成り立ちません。国際経済のできごとは、私たちにとっていまやごく身近なものとなっています。

国際経済がわかるようになると、日本経済の本質がすっきりと見えてきますよ。

二　中国経済はソフトランディングできる？

伊藤　国際経済について少し慣れてもらうために、いま気になる話題を皆さんから挙げていただいて、なぜそういうことがいま起きているのか、その背景にはどのようなことがあるのか、私なりの見方でお答えしてみたいと思います。

皆さん、最近の関心事は何でしょうか。

生徒　中国経済の減速を世界中が不安視しています。これから中国は改革路線をさらに進めてサービス産業を伸ばしていくようなことができるのでしょうか。その見通しと可能性について、どう考えたらよいですか。

伊藤　中国、気になりますね。ただ、中国経済は私が見るかぎり、いまの段階（二〇一六年夏）では一応「小康状態」といってよいのではないかと思います。

これまでの、製造業やインフラに過剰な投資を行なってきた路線を切り替えて、経済全体をサービス業中心に消費を伸ばす方向に転換し、中国経済が新しい姿に変わっていけるかどうかということです。その転換が、徐々に成長速度を抑えていく、いわゆるソフトランディングであってほしいと期待しているところです。

悲観論も多く見られますが、悲観的な話をする前に少し楽観的な話をいくつかしたいと思います。

一つは、中国はこれまでも何度か大きな改革を成し遂げてきているという点です。とくに重要なのは二〇〇〇年代初めにWTO（世界貿易機関）に加盟するために、相当大胆な貿易自由化を行ないました。これが結果的には中国のマーケットを外に向かって広げ、中国に対する投資も増やすことにつながりましたね。国内には、自由化に対する非常に大きな抵抗があったことは間違いありません。しかし、当時の経済のトップである朱鎔基さんが、そうした反対を乗り越えて、力強く改革を推し進めました。後ろには江沢民《こうたくみん》共産党委員長がいて、支えていました。

中国という国は、ここにしか中国が生きる道がないとなれば、かなり大胆に改革を進めていく――この点はやはり中国の強みであると思うんです。その意味で、いまの習近平《しゅうきんぺい》政権での李克強《りこくきょう》さんとのペアも、政治的にはいい意味でも悪い意味でも強力な路線なので、さらに自由化路線をサービス分野にまで拡大していく可能性はあると考えています。

生徒　そうなれば、日本企業にとっても新たなチャンスが開けますね。

伊藤　はい。金融、保険、小売り、外食、あるいは医療といった分野で、新たなチャンスが生まれてくるのではないでしょうか。

もう一つ、楽観的な話をいたします。

中国はものすごく大きくて、多様性を持つ国なんです。そのなかで、たしかに旧来型の経済は非常に厳しい状況にあって、北部の瀋陽、大連など鉄鋼や大型機械の製造業の地域では、倒産が相次ぎ、失業者も増え、苦境が続いています。しかし上海などの都市に目を転じると、経済は好調です。ベンチャー企業が次々出てきて、人々の生活もＩＣＴをベースに営まれています。

ですから、オール中国として見ようとするとなかなか読みにくいのですが、苦しくなった旧来型の分野を縮小して（ちょっと厳しい言い方になりますが）、新しいところを伸ばしていくという道は、依然大きな可能性として残されている。

しかも、もう一つ大事なことがあります。中国の最大の武器の一つは、豊かな人材であることです。海外で勉強し研鑽《けんさん》を積んだ優秀な人材を、新しいビジネスの創出にいくらでも投入することができる。すでに日本企業を凌駕《りようが》するような高い技術を持つ企業が出てきていますよね。そういう人材が活躍できる場を作ることができれば、中国の潜在力を花開かせることができます。

ただ、そういう楽観的な話をしたうえで、やはりいくつかの不安について押さえておかなければなりません。

一つは、急激な変化の反動で経済が冷え込むハードランディングへの不安です。民間部門を含めて膨大な債務が積み上がっています。かつて日本もバブル崩壊直前は同じような状況だったことを考えると、ここからソフトランディングできるかどうかは難しい問題です。この不安は、いま皆さんにお話をしている時点では大丈夫だけれども、この本が店頭に並ぶ時には現実になっているかもしれないほど緊迫したものです。世界で何か事が起こると、市場関係者はすぐに中国に注目します。いつまたチャイナリスクが表にあらわれないともかぎらないので、しばらくは警戒しながら見ていく必要があるということです。

それからもう一つ、中国に関して慎重にならざるを得ないのは、政治の問題ですね。

中国共産党の一党独裁政権が、本当にサービス産業中心の成熟型の市場経済というものと、共存可能なのかどうか、いまのところ誰にもわかりません。製造業を集中的に伸ばしていく体制としては、かつての韓国も、シンガポールや台湾も、ある種の独裁制の強い政権が牽引していく体制がきわめて有効でしたが、中国がいまの体制でサービス産業を同じように伸ばしていけるかとなると、そこにはまた違ったハードルがいくつもあるということです。

生徒　都市と農村の格差の問題も不安材料の一つなのではないでしょうか。

伊藤　中国がかかえる格差問題にはいろいろな側面があります。最も大きなポイントはいわゆる戸籍問題です。農村で生まれた人と、都市で生まれた人は、戸籍上、「農村戸籍」と「都市戸籍」で区別されているのが、中国の戸籍の特徴なんです。田舎で生まれた人が都市に移ってきて仕事をしたり、家庭を持って子どもを学校に入れようとしても、都市戸籍がないので都市での社会保障や公共サービスが受けられないという現実があります。これによって農村と都市の間には深刻な格差が生じているわけです。

習近平政権では、戸籍の規制を撤廃するという方針を打ち出しているものの、本当に実現するかどうかはなかなか難しいと思っています。

生徒　そうした格差の問題も含め、中国の国民が自国の成長が停滞し、成長率が下がっていくという現実を受け入れられるかということもありますね。

伊藤　そうですね。資源をサービス産業や消費にシフトしていくという改革を行なうことで、成長率は下がっていくのは必然で、むしろそうなっていくことが好ましい方向なのですが、おっしゃる通りそのリアリティを国民がどう感じるか。結果的に共産党政権の締めつけのようなことにつながっていくとすると厳しいですね。

希望は、中国のような後から追いかけていく大国は、最後は人材とＩＣＴはじめ先端技術で大きく化ける可能性があるということですね。中国経済に関しては、これから各章で多角的に考察していきますので、楽しみにしていてください。

三　イギリスのEU離脱で始まる大きな変化とは？

生徒　イギリスのEU離脱（Brexit）の国民投票には驚きました。金融市場にも波乱が起きましたが、イギリスがEUから抜けることで欧州の秩序が崩れるとなると、国際経済への影響はどうでしょうか。

伊藤　私は、国民投票の結果をドイツで知り、ヨーロッパの人々の反応を肌で感じました。EU離脱の国民投票の背後には、イギリスの貧困層や高齢者層の中に、かつての古き良きイギリスに戻したいという、内向きな「ブリテン・ファースト」の意識があります。グローバル化が進むことで、人々の生活は変化を余儀なくされます。すべての人が、それをよしとして受け入れているわけではありません。グローバル化によって自分たちの暮らしが脅かされると感じる人たちもいるでしょう。それが、今回EUからの離脱に賛成票を投じた、貧しい地域の人や高齢者だったということです。

同じようなことがアメリカでも、大統領選におけるドナルド・トランプ候補への熱狂的支持という形であらわれていますね。トランプも、メキシコとの国境に万里の長城のような壁を築くと真剣に言っているわけです。イスラム教徒や移民などに、やはり漠然とした脅威を抱く人々が、トランプ候補支持に回っているといえます。これらに共通するのは、グローバル化に対する揺り戻しのような流れです。この流れが今後どうなっていくのかを中長期で見ることがとても重要です。

ドイツ滞在中に、国際政治の専門家の友人が、

「今回のイギリスのEU離脱の国民投票は、一九八九年のベルリンの壁の崩壊と似た面があるのではないか」

と言っていました。

ベルリンの壁崩壊は、いい意味でも悪い意味でも世界の枠組みを変えていく、一つの変化の始まりでしたね。壁が崩壊して、直後には共産主義勢力が倒れ、これからは市場経済の時代だ、民主主義社会が世界の中心になるといった楽観論が語られました。ただ、あれから四半世紀経ってみると、たしかに平和や自由という面ではいいこともたくさん起こった反面、テロがグローバル化したり、かつての米ソのような超大国による締めつけが弱まった間隙《かんげき》を狙ってイスラム国のような勢力が台頭してくるなど、楽観論だけでは済まされない問題が世界を震撼《しんかん》させています。

イギリスのEU離脱も同様に、これからEUがどのように変化していくかを考えるための非常に重要な入口だと、その友人は言っているわけですが、たしかにその通りだと思いました。

生徒　国家の進むべき方向を決定するのに、高齢者層の意見が通ったという点で、日本を含めた少子高齢化が進む社会の背負う世代間の問題が浮き彫りになったように受け止めました。

伊藤　若者にはEU残留を支持した人が多かったようです。テレビでニュースを見ていたら、「これで自分たちの将来は壊されてしまった」と悲痛な顔で訴える若者の姿が映し出されてとても印象に残りました。

若い世代にとっての未来は、EUという大きな舞台で他国の人たちとも積極的に交流しながら新しい産業やビジネスを作っていくイメージだったのでしょう。それを、保守的な高齢者層の回帰思考によって壊されてしまったと、その若者は発言していました。これも高齢者の利害を反映する「シルバーポリティクス」の一面でしょう。

生徒　イギリス経済は、EU離脱によってダメージを受けないのでしょうか。

伊藤　かなり深刻な影響を受けると思います。もちろん、この先メイ首相を中心にさまざまな調整が行なわれるはずですが、経済統合や連携の仕組みは、作りあげるのは大変でも壊すのは簡単なんですね。一旦捨ててしまったEUのメンバーのメリットを、もう一回構築しようとしたらそれこそ膨大な時間と労力がかかるのは間違いありません。

皮肉なことにイギリスは、海外からの投資を世界で最も受け入れている国なんです。ロンドンのシティの金融機関で活躍しているのは、ほとんどが外国の金融機関です。このように外資系企業によって自国企業が淘汰されてしまう現象を、開催地イギリスの選手が勝てないテニスの大会にたとえて「ウィンブルドン現象」といいますが、まさにその状況です。これがイギリスの強みでもあったのですが、グローバルカンパニーにとっては、イギリスが今後も持続的にヨーロッパのビジネスの拠点として適しているかどうかは、考え直さなければならない時がくるかもしれません。

EUという制度は、これまで何度も危機に見舞われてきました。しかし何とかそれらを乗り越えて、その都度統合はより強化され、安定化のための仕組みが取り入れられてきました。そこでは常にドイツとフランスとイギリスの三国がバランスしたなかで、いろいろなことが議論され合意されてきたのです。ここからイギリスが抜ければ、ドイツとフランスの二国となり、ドイツが当然強いですから途端にバランスが崩れます。こうしてEUを形成し支えてきた政治的なバランスが崩れることを不安視する専門家も少なくありません。

ベルリンの壁が崩壊した後に起こったさまざまな良いことも悪いことも、崩壊したその時には誰も予想できなかったことばかりです。イギリスのEU離脱が今後どのような事態を引き起こしていくか見守っていかなければなりません。

経済統合の話や通貨制度についても、後の章で詳しく解説しますので一緒に考えていきましょう。

四　新大統領でアメリカのＴＰＰ政策はどうなる？

生徒　それから、アメリカ大統領選のゆくえも大変気になります。トランプ候補が大統領になった場合、為替やＴＰＰ（環太平洋戦略的経済連携協定）はどうなるでしょうか。クリントン候補、トランプ候補ともに保護主義化を打ち出しているようですが、アメリカの通商政策が大きく変化することはあるのでしょうか。

伊藤　トランプが大統領になったらどうなるかというのは……、あまり考えたくないというのが本音ですが、ただアメリカの大統領選というのは、その時に刺激的な発言を繰り返した候補者が、実際に政権を取った後もその主張を継続させるかというと、それはわからないんですね。

かつて、トランプほど強力ではないですが、「強いアメリカ」を前面に押し出した強烈なメッセージで大統領になった人がいます。ロナルド・レーガン（在任一九八一～一九八九年）です。彼も大統領就任直後はスターウォーズ構想で軍事費を増やすなど、厳しい対ソ政策を展開し、内政では「小さな政府」の実現のため減税を断行するなど自身の主張を実行しましたが、二、三年経ったあたりから修正を始めています。規制緩和や自由化路線など、自分の政策のいいところは継続し、まずいところは見直しをして財政健全化路線を選んだのです。

トランプが同じかどうかはわかりませんが、最初二年間くらいは混乱したとしても、恐らくある時期から冷静に動き始めるようになるのではないか。過去の経緯との比較からその可能性が高いと考えています。

生徒　一国のトップになると、そうそう乱暴なことばかり言っていられませんからね。

伊藤　アメリカの通商政策は、この二、三〇年では決して保護主義化していないんですね。日米の関係を見てもわかる通り、二〇年前から三〇年前は貿易摩擦が激しくて、日本は大変な思いをしました。しかし、いまはむしろお互いに前向きな姿勢で協議を続け、関係構築していこうとしています。この路線は大統領が代わっても維持されるでしょうし、いきなり逆方向にアメリカが舵を切ることはないだろうと思います。

クリントン政権となった場合、最大の外交課題は中国になるでしょう。中国の台頭にどう対応するか、いかに平和的に台頭してもらうかが問題で、その場合、やはり経済がカギを握るのです。ＴＰＰに対して、大統領選では支持母体の労働組合の声に配慮してかなり否定的な言い方をしていますが、いざ大統領になった時に、中国を横目で見ながら他方でアジアも見て、ＴＰＰをやめましょうというのは国益に反することになると思います。

　そうしたことから、アメリカの通商政策に関しては、私は悲観していません。通商政策に関してはたっぷりと時間をかけて学び、議論していきたいと思いますので、あとでまた皆さんの意見も聞かせてください。

五　本書の構成

伊藤　さて、先ほども言ったように国際経済学の最も重要な対象国は、自国である日本ですから、皆さんが挙げてくださったいま気になる諸外国の経済状況が、このグローバル経済のなかでどのように日本経済に影響してくるのか、そこが重要なポイントとなります。

この本では、序章に続く第一章から第五章までで、国際経済を見る時の視点や、正しく見るための基礎知識、理解するためのコツなどをお話ししていきます。国際経済のメカニズムを知ることで、いま日本経済がどのような課題に直面しているかを、グローバルな視座から把握することができるようになります。

これからの講義のテーマを概観しておきましょう。

第一講義は、国際経済学で使うデータにはどのようなものがあるか、また国際経済学はどのような学問と隣接しているかといった解説をしたうえで、通商システムについて考察していきます。そのなかで日本のとるべき道はどこにあるでしょうか、一緒に考えましょう。

第二講義は、国際経済を見るうえで重要なデータである、国際収支表と為替レートについて解説します。これらの指標から、日本の競争力が見えてきます。

第三講義は、通貨制度についてさまざまな角度から考察していきます。変動相場制、固定相場制、それぞれどのようなメリット、デメリットがあるでしょうか。通貨制度の歴史をひもときながら、通貨の重要性について検証していきます。

第四講義は、国際貿易のメカニズムについて考察します。貿易理論なども紹介しながら、いま国際貿易がどのように変貌を遂げているか、そのなかで日本はどのような課題に立ち向かい、またどのような役割を担っているかを見ていきます。

第五講義は、新興国の発展と国際経済についてです。新興国経済の熱狂と挫折から何が見えてくるでしょうか。一国の経済成長にとって大切なものは何か、持続可能な国際経済の発展にとって大切な考え方とはどのようなものか、一緒に考えましょう。

第一講義

ざっくりわかるTPP

一　国際経済学の重要な指標

金融緩和でなぜ円安になる？

伊藤　この講義では、国際経済を考える時によく使われる指標を押さえておきましょう。幸いなことに、国境を越えた経済活動に関しては、有益な資料やデータが豊富に存在します。これからそういうデータや指標を使いながら、国際経済のメカニズムを学んでいきましょう。

皆さんにとって、日ごろ気になる指標はどういうものがありますか。

生徒　為替レートです。円とドル、円とユーロ、円高なのか円安なのか、どちらに動いているのか、非常に気になります。

伊藤　国際経済の基本は、「国境を越えれば異なった通貨が利用される」という事実なんですね。一九九九年以前は、ヨーロッパもその例外ではありませんでした。日本も一九七〇年代に変動相場制に移行して以降、ずっとこの為替レートの変動に揺り動かされてきました。

とくに貿易や海外投資を行なっている企業にとって、為替レートの変動は重大なリスクファクターです。為替レートは数十%も動いてしまうことがあります。そんな大幅な変動があると、懸命の企業努力で得た数%の利益など一瞬で消えて、大きな損失をこうむることになる。為替リスクをどう回避するかはたいへん重要な経営課題だと言えます。

生徒　為替レートについては、日本経済について学んだ前セミナー（『日本経済を「見通す」力』に収録）でも最初にお話しいただきましたね。

伊藤　ですから皆さん、為替レートそのものの重要性はよくおわかりだと思います。

ただし今回、国際経済を学ぶうえでは、為替レートという指標そのものの重要性だけではなく、為替レートがどのように決まってくるのかという、マクロ経済的なメカニズムにも踏み込んでいただきたいと思います。

たとえば、日本銀行が金融緩和策を行なうと、為替はなぜ円安になるのか。アメリカがテーパリング（量的金融緩和を縮小させること）を行なうと、それがどのように為替に影響するのかというように、為替レートを左右するメカニズムを見ることで、マクロ経済的なポイントが見えてくるということです。

さらにいえば、為替というのは、そもそも制度に縛られているものでもあります。古くは

「金本位制」がそうですね、その時代は各国の貨幣は「金」に裏づけされていて、言ってみれば「金」が世界共通の通貨のような役回りをしていました。その後、第二次世界大戦後のIMF（国際通貨基金）体制下では、「金」にかわって「ドル」を基軸通貨とする制度が敷かれ、一方では固定相場制が、もう一方には変動相場制があるという状況になっています。

このように国際通貨制度は大きく変化しており、それにともない実際の為替の動きも大きく影響されているのです。

生徒　ヨーロッパのユーロの影響も大きいですね。

伊藤　その通りで、いまの国際経済を見るうえで、ヨーロッパでユーロという統一通貨を使った壮大な実験が行なわれているという事実は、きわめて興味深いものがあります。一九九九年に導入されたユーロですが、これからも国際経済にさまざまな影響を及ぼしていくのは間違いありません。

ユーロバブルの崩壊やギリシャの財政問題など、ユーロがいま直面している危機を理解することは、ヨーロッパを理解することにとどまりません。そこから日本経済や為替を考えるうえで参考となるさまざまな示唆を読み取ることができるのです。

国際収支表は国際経済学の基本台帳

伊藤　さて、もう一つ、国際経済を考える時に拠《よ》り所とする経済指標で、たいへん重要なものがあります。

生徒　貿易収支など、国境を越えて取引されたものの収支を示すデータでしょうか。

伊藤　その通りです。毎年一月一日から一二月三一日までの間に、どれだけの物（財）がどこからどこへ移動したか、またどれだけのサービスが取引されたか、それからどれだけの金融資産が売買されたか、あるいはどれだけの配当が支払われたか――。

こうしたいわゆる国境を越えて動くフローの流れを、すべてまとめたものが**国際収支表**です。いわば、国際経済学を考える時の基本台帳のようなものだと思ってもらえばわかりやすいと思います。

これは第二講義で詳しくお話ししますが、この国際収支表の上にあらわれるさまざまな動きと、マクロ経済の動きつまりＧＤＰや国内の経常収支などとの間には、非常に深い関係があります。そのような意味からも、国際収支表はたいへん重要な指標の一つなのです。

これらの指標がどのように変化してきたか、変化しているかを見ながら、その背後にあるさまざまな制度の特徴を考察し、そこから日本経済がいまどういった状況の中にあるのか、これからどういう方向に進むのがよいのかを考えていくのが国際経済学を学ぶことなのです。

生徒　ただ、制度の考察や指標の分析といっても、いまのように変化の激しい時代では、五年もすると世の中がガラッと変わってしまいます。現状を分析しているうちにどんどん変化が起こってしまって、考察が追いつかず、分析も有効性を失うことにならないのでしょうか。

伊藤　たしかに国際経済はあまりにも激しく動きます。現状分析には常にそうした変化を取り込んでいかなければならないという点はつらいところです。

しかしながら、基本原則、基本原理は、時代が推移しても変わることはありません。ですから、これからの講義でも、その原理原則にのっとって現状の経済活動を見ていきますから安心してください。

変化が激しいということは、国際経済の最大のポイントであり、だからこそ面白いとも言えます。

ついでに言いますと、国際経済を学ぶことの面白さにはもう一つ大きなポイントがあると思っています。

それは、日本がいまだ経験していないことを、海外の経済から学べるということです。中国経済やギリシャ経済、アメリカ経済から学べることはたくさんあります。

たとえば、ギリシャで何が起こっているか。

この一〇年で起こったことをつぶさに見てみることは、ヨーロッパが抱える問題を見るうえで重要であることは言うまでもないことですが、日本が将来同じように財政破綻に陥ることはないのか、仮に財政破綻の入口に入った時にどのようなことが起こり得るか、といったことを考えるうえで、非常に重要な示唆を与えてくれるはずです。

発展途上国の問題も、アフリカ諸国の経済問題を見るのと、東南アジア諸国の問題を見るのとでは、まったく次元が異なります。貧困の問題、経済発展のあるべき姿とその実現を阻む困難な要因を理解するうえで、それぞれの地域で何が起こっているかを見ることが重要になります。東京で生活するだけでは決して得られない視点を与えてくれるきっかけとなるでしょう。

コカ・コーラの原液と国際経済

伊藤　国際経済学は、大きく分けると二つの分野から成り立っています。一つは**国際貿易論**。貿易をはじめ企業の海外展開、人の労働移動など、いわゆる実物の経済の動きを分析する分野です。
もう一つは**国際金融論**。こちらは主な分析対象は為替レートや国際収支の動きとなり、それらを通じてマクロ経済がどのように動くかといったことを分析する分野です。
経済学にもミクロ経済学とマクロ経済学という二つの分野がありますが、国際経済学の世界では、国際貿易論がミクロ経済学に対応して、国際金融論がマクロ経済学に相当すると考えていただくとわかりやすいかもしれません。それぞれに見る対象が違うので、議論の仕方も違ってきます。
それから、国際経済学には関連分野がたくさんあります。たとえば、**経済発展論**や**開発経済学**は、関連分野のなかでも大きなものです。世界にはいまだ多くの貧しい国が存在します。それらの国が経済発展して豊かな国になるにはどうしたらいいのかを考えるのが経済発展論です。そのためには、たとえばアフリカの国々がいま、どのような問題をどのような形で抱えているのかを分析する必要があります。そこでは当然、グローバルな視点が重要となります。

先進国の企業は、安い労働力や未開拓の市場を求めてどんどん海外に出ていきます。グローバル企業のそうした活動は、進出先の国々にとって、その国の産業、技術、労働市場、教育などにさまざまな形で影響を及ぼしますが、いったいどのような変化がもたらされているのかを分析します。

あるいは先進国から発展途上国への支援のあり方について、これまでの経済援助が本当に成果を上げているのか、専門家の間でもいろいろな議論があります。これは国際経済学からは少し外れた領域での議論になりますが、境界分野として経済発展理論や低開発国経済論は重要ですので、必要に応じてお話をしていきましょう。

生徒　国際経済学には、グローバルに事業展開する企業の企業経営などを扱う分野もあるのでしょうか。

伊藤　それは**国際経営論**という分野で扱われています。分析対象は企業で、企業がグローバルに成果を上げるにはどうしたらいいのか、人のマネジメント、資金調達、あるいは国際的なリスクマネジメントはどうあるべきか、といったことを考えます。また海外進出するにもいろいろなやり方があります。輸出に出るのか、現地生産に進出するのか、ライセンスビジネスとして海外展開するのか、そうした戦略について考える分野です。

これらの問題は、基本的には経営学の世界の話なのですが、国際貿易の話をする時にはどうしても国際経営の問題が深く関わってきます。

たとえば、国境を越えて活動をしている企業にとって、**移転価格税制**はけっこう悩ましい問題です。最近の話題では、自動車メーカーのホンダが、ブラジル子会社との取引をめぐって、移転価格税制に基づく追徴課税の取り消しを国に求めて訴訟を起こし、勝訴したというニュースが記憶に新しいですね。

ざっと概要を説明すると、次のようなことが起こったのです。

ホンダは一九六〇年代末に二輪車でブラジルに進出し、二〇年くらい苦労して儲からない時期を経て、ようやく成果が出て利益が上がるようになりました。するとその途端に、日本の国税庁が税金を徴収しにきたのです。ホンダは、当局が示す追徴課税額を不服として裁判に訴えました。

企業が海外進出すると、当然のことながら現地でも利益が上がり、日本で儲けた利益と海外で儲けた利益が発生します。その場合、たとえばホンダのケースでいえば、「ＨＯＮＤＡ」という人気ブランドは日本で培ってきたものなので、ブラジルでの利益のうちブランド使用料は日本に戻さなければならない、戻した利益に対しては日本で税金を払わなければならな

図表1　移転価格税制

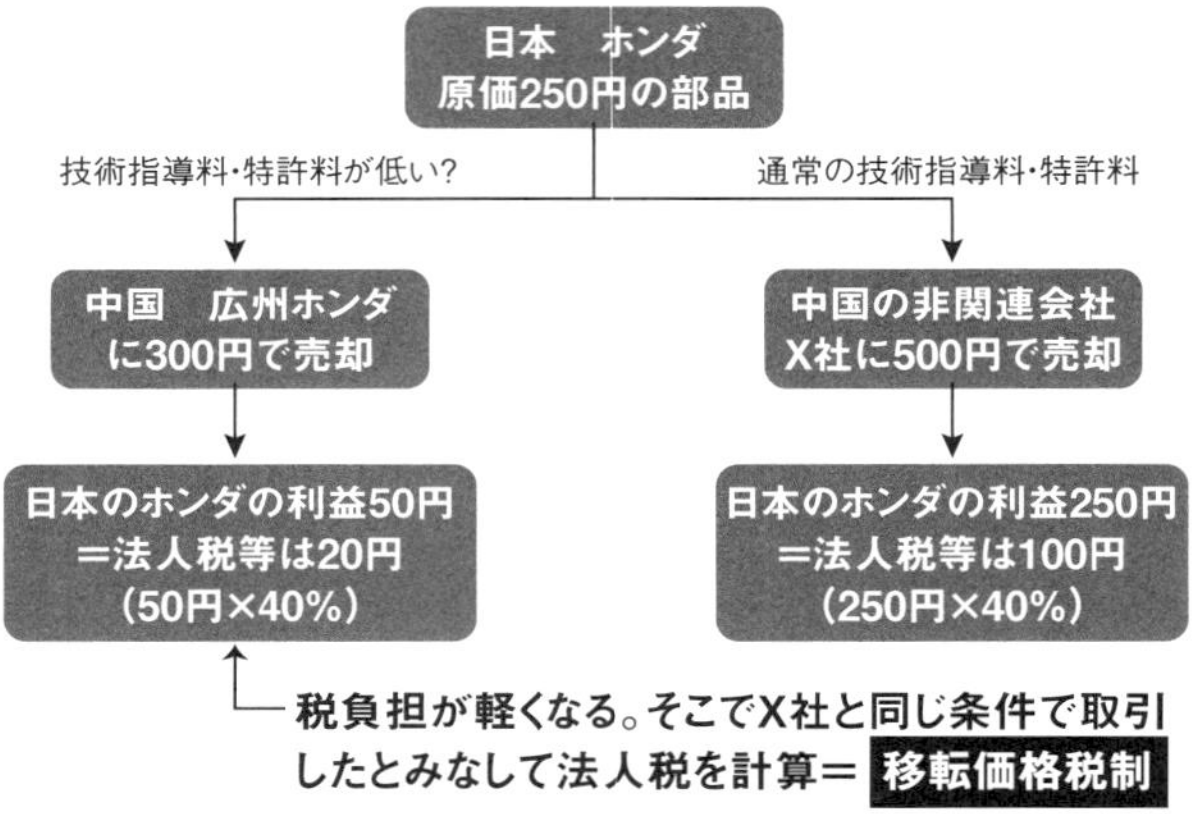

（出所）「PRESIDENT」2008年６月16日号を参考に編集部作成。

い——税務当局はこのように考え、ホンダに対して追徴課税を要求しました。この要求をホンダが不服として、「移転価格税制」に基づく追徴課税の取り消しを国に求め提訴したのです。裁判は、一審につづき二審でもホンダが国に勝訴しています。国の課税は誤りであると結論づけられ、法人税の追徴課税は全額取り消されました。

ホンダはまた、中国での四輪事業をめぐっても、技術移転や設備、部品の販売、日中間の利益配分など事業全面にわたり、国税局から問題を指摘されています。当局は、二〇〇二年から二〇〇六年までの五年間について、中国企業との合弁会社である広州ホンダが日本本社に支払う技術指導料や特許料などが著しく低いとみて、利益の大半は中国側に留保されたままで、日本側に過小に配分されることで日本本社の所得の圧縮になっていると指摘されているのです。

移転価格税制について、海外における部品取引という観点で単純化して説明してみましょう。日本本社が原価二五〇円の部品を、広州ホンダと、資本関係のないX社に売ったとします。その価格は、X社には五〇〇円で、広州ホンダに対してはグループ会社間での取引となるため三〇〇円という低価格で販売しました。原価は二五〇円ですから、日本本社の利益は、X社との取引では二五〇円なのに対して、広州ホンダとでは五〇円です。課税は利益に対して行なわれるので、日本本社が負担する税金は広州ホンダとの取引のほうが安くなります。そこで、X社と同じ価格で取引したとみなして法人税を計算するというのが、ホンダに適用された移転価格税制です（参考文献「PRESIDENT」二〇〇八年六月一六日号）。

日本の法人税は主要国のなかでは突出して高い、したがって、税率が低い海外の国で利益をあげたほうが法人税の負担は抑えられるわけです。たとえば中国の法人税率は二五％（二〇一六年現在）で、日本の実効税率が約四〇％なので、約一五％も差があることになります。ホンダの場合、日本国内での自社の利益を抑え、広州ホンダの利益を増やしたほうが、グループ全体の税負担は軽くなるのです。

ブランドや研究開発成果、ノウハウや技術といった無形資産の価値をどう評価するか、これは難しい問題です。税務当局からすると、無形資産からの収益という形で課税対象の利益が海外に行ってしまうのは困ったことですし、企業にしてみれば、少しでも法人税の安い国に利益を蓄積するほうが得となります。両者の見解はすれ違います。

生徒　日本の法人税率は世界的に見て高いのですから、多国籍企業が、日本でなるべく利益が上がらないよう調整するのは当然の行為ではないでしょうか。

伊藤　たしかに、そうした誘因が働くのを止めることはできません。しかし、やり方によっては、それは税金逃れと言われかねませんので、きちんとした取引の遂行が求められます。

いずれにしても、企業活動がグローバル化するほど、このような移転価格税制をめぐるもめごとは増えていくでしょう。国際経済学において、国際経営論が重要な関連分野に位置づけられるのもそうした背景からです。

最近はそういう話は聞きませんが、ひと昔前には、たとえばコカ・コーラは日本でたいへん儲かっているのだけれども、その儲けのほとんどは、原液の代金としてアメリカ本社に吸い上げられているといわれていました。ご存知のようにコカ・コーラの原液はアメリカのコカ・コーラ本社で調製され、そのレシピはトップシークレット、非公開です。その原液を世界各地で薄めて炭酸水で割り容器に詰めて販売しているわけです。その原液がべらぼうに高価なため、日本での利益のかなりの部分が原液の代金としてアメリカに行ってしまう。この状況に対して、日本の税務当局は厳しく目を光らせていました。日本から見ると、本来ならば日本に落ちるべき利益と、そこから支払われるべき税金のほとんどが、アメリカに吸い取られてしまうなんてけしからんということになりますよね。しかし、コカ・コーラ社から見れば、コカ・コーラの原液もそのブランド力も、長い歴史を通じて、莫大な投資の結果築き上げられたものですから、アメリカの本社が日本での収益に一定額のブランド料を請求するのは当然であると考えるでしょう。

生徒　グローバル企業は、さまざまな摩擦のなかで針路を定めなければならないのですね。国と国の政治外交的な状況も刻々と変化しますから、その時々で対応していかなければならない。

伊藤　そうですね、国際経営論では、国際関係の難しい状況のなかで、企業がどのような経験をしてきたか、個別の企業で何が起きてきたのかといったことから多くの学びを得ることができると思います。

私自身の体験でも、一九八〇年から九五年くらいまでは、日米、日欧の貿易摩擦にどっぷり浸かっていました。最大の問題は、**アンチ・ダンピング**です。これは、先ほどの移転価格の問題よりも日本企業にとっては重要です。

日本の自動車会社が、一九八〇年に輸出自主規制を行なっていたということについて、知っている人はどれくらいいるでしょうか。これは、当時としては大きな事件でした。

七〇年代末に第二次石油ショックが起こり、アメリカでもガソリン価格が高騰して、燃費の悪いアメリカ車から燃費のいい日本車へと需要がシフトし、アメリカの自動車産業は苦境に立たされました。燃費の悪いアメリカ車が売れなくなるのは当然の成り行きなのですが、アメリカの企業は対抗策として、日本企業をアンチ・ダンピングで提訴するという手段に出ました。

つまり、日本の自動車会社は不当に安い価格でアメリカに自動車を輸出している、その結果、アメリカの企業は大きな被害を受けていると、政府に訴えたのです。これが、アンチ・ダンピング提訴です。ダンピング提訴の制度は、もともとは不公正な貿易を防ぐために設けられた制度ですが、実際の運用が本来の目的に合致しているかは怪しいと言わざるを得ません。

提訴すればアメリカ政府も調査に乗り出します。あげく、日本政府とアメリカ政府の理論闘争のような事態となり、結局、日本企業は攻撃をかわすためにアメリカでの現地生産へと移行していきました。自動車だけでなく、八〇年代には日本企業がアメリカでもＥＣ（欧州共同体）でもダンピング提訴の標的とされてきました。グローバルな企業経営において、常に直面する非常に厄介で重要な問題です。アンチ・ダンピングのシステムについては、通商法の分野でさまざまな研究がなされていますが、国際経済学的な視点から見てもたいへん面白いテーマでもあります。

二　TPPはどこが画期的なのか

世界のGDP四〇%、八億人をカバーするTPP

伊藤　さて、そろそろ本論に入っていきましょう。いま、多くの日本人にとって、国際経済のテーマで最大の関心事はTPPですね。この環太平洋戦略的経済連携協定ですが、二〇一六年二月四日、ついに参加一二カ国による協定文への署名が行なわれ、正式合意に達しました。これは、日本が取り組んだ最初の多国間による経済連携協定です。

世界的に見ても、ヨーロッパ大陸で展開される貿易自由圏としてのEU（European Union: 欧州連合）、北米で展開されているNAFTA（North American Free Trade Agreement：北米自由貿易協定）の二つの大きな経済統合に匹敵するか、それ以上のスーパー・リージョナル協定となります。もちろんアジア太平洋地域では初めてです。どのくらいの規模かイメージできますか。

生徒　参加国すべてのGDPを足し合わせると、世界全体の約四〇%。まだ参加していない国で今後参加するところもありそうですから、さらに規模は拡大しますね。

伊藤　人口で見ても八億人をカバーする巨大協定です。たいへん重要な経済連携協定であることは間違いありません。内容も画期的です。

ではTPPの何が画期的なのか、これから一緒に考えていきたいと思います。画期性、その意義を理解することで、世界の貿易構造がかなり鮮明に見えてくることと思います。

さて、TPPのことを「**経済連携協定**＝Economic Partnership Agreement」（EPA）と呼びます。通常、世界的によく使われるのは「**自由貿易協定**＝Free Trade Agreement」（FTA）という呼び名ですよね。NAFTA（北米自由貿易協定）はまさにこれです。それからもう一つ、「**関税同盟**＝Customs Union」と呼ばれるものがあります。これは現在EUが採用している制度です。これら三つの制度について少し説明しておきましょう。

まず、共通点は何でしょうか。

生徒　その協定に参加する国の間では、関税を撤廃して自由に貿易を行なえるようにする、ということでしょうか。

伊藤　そうですね。世界の貿易や関税に関する通商協定というのは、すべてGATT（関税および貿易に関する一般協定）に基づいて取り決めが行なわれます。戦後、世界の貿易の拡大を引っ張ってきたのは、GATTを中心とした自由貿易体制（GATT＝WTO体制）です。そのGATTでは、自由貿易協定などについて、関税については「構成地域間の実質上のすべての貿易について廃止する」（第二四条）と定められています。したがって、当事国同士の間では関税を撤廃しなければなりません。もちろん例外はたくさんありますが、基本的には域内では関税ゼロとする。この点においては、FTA、EPA、関税同盟、どの制度も共通しています。

このなかで、関税同盟には他の制度にはないルールがあります。

生徒　関税同盟というくらいですから、関税に関して細かく決めているということですか。

伊藤　現在、EUが採用している制度が関税同盟なのですが、この制度では、加盟国の域内の関税が撤廃されるだけでなく、「域外の国への関税率も共通にしなければならない」という縛りを設けています。ですから、EUにおいては、中国からの商品をフランスが輸入しても、ドイツが輸入しても、イタリアが輸入しても、同じ関税率で輸入することになります。これは、非常に重要な特徴ですから覚えておいてください。

TPP交渉で問題となった「原産地規制」

伊藤　関税同盟とそれ以外のFTA、EPAの違いについて、もう少し突っ込んだお話をしましょう。

関税同盟を結んでいるEUでは、域外の第三国に対する関税も一律ですから、日本からフランスへ輸出するのとドイツへ輸出するのでは同一の関税が課されることになりますね。

一方、日本とシンガポールはEPA（経済連携協定）を結んでいます。日本とシンガポールの間では関税ゼロとなります。そこに韓国が加わると、韓国とシンガポールは自由貿易協定を結んでいるけれども、韓国と日本はそのような協定は結んでいません。その時どういうことが起きるかというと、韓国のものがシンガポールに関税ゼロで輸出（自由貿易協定により）されて、それがシンガポールから関税ゼロで日本に輸出（EPAにより）される、そうなると実質的には、シンガポールを介することによって韓国の商品も関税ゼロという優遇のもと日本に入ってくることになります。しかし、日本と韓国は、関税同盟も経済連携協定も結んでいませんので、これはおかしなことですよね。

こうした事態を回避するためにはどうしたらいいでしょうか。

生徒　原産国がわかるようにしないといけません。

伊藤　そうですね。シンガポールから日本に輸出される商品が、本当にシンガポールで作られたものであるかどうかが、わかればよいわけです。その商品のほとんどの部分が韓国で製造されて、シンガポールでは少し付加価値をつけて組み立てただけというのであれば、その商品はシンガポール製ではなく韓国製と見ましょうという取り決めがなされています。

その時に、どこまでをシンガポール製と見るか、どこからをシンガポール製ではないと見るか、その判断の基準が決められているのです。それを「**ルール・オブ・オリジン**」（**原産地規制**）と言います。

ＥＰＡやＦＴＡにおいては、それらを公正に運用するためにはこのルール・オブ・オリジンがどうしても必要となります。一方、関税同盟では、先ほど申し上げたように域外の第三国に対する関税も一律ですから、原産地規制を用いる必要はありません。ここは大きな違いです。

生徒　原産地規制については、今回のＴＰＰ交渉でもずいぶんと話題となっていましたね。

自動車が問題になっていました。

伊藤　自動車は何万点という部品からできています。したがって、ＴＰＰ参加国で生産された部品をどの程度使っていれば、自動車関税をゼロにするかという問題はとても重要になります。

生徒　ＴＰＰでは、原産国というのは、参加一二カ国すべてがカバーされるのですか？

伊藤　はい。すべての参加国をカバーする形で原産地規制が適用されます。参加国であればどこの国で生産された部品でも材料でも、原産地として認められます。それから複数の国にまたがって生産されても、参加国間であれば問題ありません。これは、貿易を行なう企業にとっては嬉しいことですね。広域で原産地規制を使って関税ゼロになるのですから、メリットは大きいと思います。

いまご指摘のあった自動車については、交渉の過程でカナダとメキシコがこのことを問題にしていました。いま、日本の自動車メーカーはかなりの勢いでメキシコとカナダに工場を作っています。それらの国で自動車を生産すると、安い価格でアメリカ市場に入れることができますからね。とくにカナダのオンタリオ州のトロント周辺は、生産拠点として優れています。労働争議などもないので、アメリカに比べるとマネジメントしやすいのです。メキシコのほうは、言うまでもなく安い人件費が魅力です。

これらの国では、自国の部品産業を保護するために、TPPでの域内部品調達比率もNAFTA基準並みの高い率（六二・五％）にしてほしいと要望していました。これに対して日本は、TPP域外からも幅広く部品調達をするため、四〇％程度の低い域内調達率に抑えることを主張して対立しました。そうした事情から各国利害が対立して協議が難航したわけです。

最終的には五五％とすることで合意されました。加えて、五五％のうち一〇％分にあたる車体やドア、バンパーなど特定の七部品に関しては、「加工の一部だけでもTPP域内で行なえば原産地性を認める」とする、さらに規制を緩める条件が追加されましたので、実質的には四五％で決着したといって日本は安堵したわけです。すなわちTPP参加国での部品を四五％使っていれば関税がゼロになるということです。

生徒　EPAやFTAでは、原産地規制が必要となる以上、どうしても複雑な形の連携になるんですね。いま、いろいろな国や地域がそれぞれいろいろなEPAやFTAを結んでいて、それぞれに独自の異なる原産地規制を設けているとなると、輸出入を行なう際にかなり煩雑なことになりますね。一方で、関税同盟はそうした煩雑さがない。

これで関税同盟の特徴がよくわかりました。

二一世紀の自由貿易体制への期待

生徒　それにしてもなぜ、そもそもＧＡＴＴ＝ＷＴＯ体制というグローバルな自由貿易の推進システムがあるにもかかわらず、ＦＴＡやＥＰＡ、関税同盟などといった個別の貿易協定が世界中あちらでもこちらでも結ばれるようになったのでしょうか。自由貿易協定とか経済連携といいながら、やはりますます複雑で煩雑な状況になってしまっているように思えるのですが。

伊藤　そうですね、それにはさまざまな経緯があります。

ＧＡＴＴは戦後、世界の自由貿易体制の要《かなめ》として世界を牽引してきました。ところが、ある時期から難しい局面に突入しました。一九八〇年代後半のウルグアイ・ラウンドの時です。ご記憶の方もあると思いますが、ウルグアイ・ラウンドは難航をきわめましたよね。実に八年の交渉期間を経て締結されました。ウルグアイ・ラウンド自体は、これまでＧＡＴＴが踏み込んでこなかった農業問題やサービス分野、知的所有権など幅広い分野に取り組み、合意形成に至ったという意味で画期的な多国間交渉でした。同時に、ＧＡＴＴはＷＴＯという新たな組織として機能強化されて、ＧＡＴＴ＝ＷＴＯ体制がスタートした点も大きな成果だったと思います。

しかしながら、九〇年代以降の国際通商システムが、ＧＡＴＴ＝ＷＴＯ体制のもとで世界が一つとなって進められたかというと、そうはいきませんでした。ＷＴＯを中心とする多国間交渉とは別に、さまざまな形の地域連携の取り組みが並行して動き出したのです。

なかでも際立った動きを見せたのがＥＵですね。

ヨーロッパでは、八〇年代から継続的に域内の経済統合を目指す努力が続けられてきて、九二年にはＥＵ創設を定めたマーストリヒト条約、九九年にはユーロ導入と着実に統合を実現してきました。北米では九二年にアメリカ、カナダ、メキシコの三国がＮＡＦＴＡ（北米自由貿易協定）を結び、アメリカはその後もさまざまな国との自由貿易協定を結んでいます。アジアではＡＰＥＣ（アジア太平洋経済協力会議）が発足し、これが単なる閣僚会議から経済自由化をにらんだ内容へとシフトしています。

生徒　そうした動きは、ＷＴＯが弱体化したことを意味するのでしょうか。

伊藤　昨今の貿易自由化の動きは、かつてのように先進工業国だけに見られるものではなくなっています。戦後、初期のＧＡＴＴは先進国が中心の組織であり、途上国や新興国が積極的に参加したわけではありません。先進国による工業製品の関税引き下げや輸入制限の撤廃が主眼でした。しかしGATTによる貿易自由化交渉が、結果的には途上国も含めた世界の多くの国に恩恵をもたらすことになりました。それにともない、発展途上国や新興国も参加するようになり、交渉分野も工業製品だけではなく農産品や知的財産など新たな分野に広がっていきました。それにともない交渉はしだいに複雑さを増していきました。

生徒　多様な利害を持つ多数の国が、一つの見解に合意するのが困難になっていくのは当然のことと思います。先進国と発展途上国、農産物の生産国と消費国、利害が対立するのは避けられないでしょう。

伊藤　その通りですね。GATTは、「関税の撤廃」という当初のシンプルな目的やその役割を、参加国の複雑な利害関係のなかでしだいに果たせなくなっていったのです。ウルグアイ・ラウンドの最中の一九九二年、大国アメリカがNAFTAの署名に踏み切ったのも、もはやGATTだけを頼りにはできないと、その役割に限界を感じたからだろうと推察されます。事実、この時のアメリカの行動は、関係者に大きな衝撃を与えました。

しかしだからといって、WTOの重要性が弱まったわけではありません。各国は、WTOの多国間での枠組みの外で、地域間や二国間での交渉を進めるとしても、WTOのルールを守ったうえでの交渉となるので、関税をむやみに引き上げたり輸入を制限したりするといったことはできません。その意味でＷＴＯは、依然として重要な機能を果たしていると言えるのです。

生徒　そうなると、通商交渉のやり方として、それまではＧＡＴＴ＝ＷＴＯ体制のもとでの多国間での交渉だけだったのが、近接する地域の数カ国での貿易自由化交渉や、特定の相手との二国間交渉など、いまや多様なケースが生まれているわけですね。

伊藤　そうです。皆さん、マルチ、リージョナル、バイラテラル、ユニラテラル、といった言葉を聞いたことがありますか。

生徒　それは何を意味しているのでしょう。

伊藤　通商交渉には、基本四つの類型があるのです。それが、

「マルチ（ラテラル）」（**多国間**）

「リージョナル」（**地域内**）

「バイ（ラテラル）」（**二国間**）

「ユニ（ラテラル）」（**一方的行動**）

の四つです。

整理すると、マルチラテラルとは、世界の多くの国が一堂に会して議論する場、WTOがこれにあたります。

二つ目のリージョナルは、EUやNAFTAのように特定の地域内での交渉の場です。

三つ目のバイラテラルは、特定の二国間あるいは二地域の間で話し合って自由化を進めていくものです。

最後のユニラテラルは、これらの交渉とは別にそれぞれの国が独自に積極的に自由化を進めていくやり方です。

世界の貿易体制の趨勢《すうせい》として、GATT＝WTOのようなマルチ一辺倒の時代から、リージョナルやバイラテラルのような個別の交渉を各国が積極的に行なう時代へと移行しつつあるということです。各国はこれら三つの交渉の場をうまく使い分けて、同時並行的に進めながら、自国にとって最も成果が高くなる道を探っているのです。

三　日本の選択

交渉メンバーとして見た自由貿易協定

伊藤　そろそろ日本の話に入っていきましょう。日本は当初、ＷＴＯとは別のところで、自由貿易協定を他の国々と個別に結ぶことに積極的ではありませんでした。日本が最初に海外と結んだ自由貿易協定の相手国はどこだったか、ご存知ですか。

生徒　シンガポールです。

伊藤　そうですね。一九九〇年代終わり頃から交渉がスタートして、二〇〇二年に日本とシンガポールは自由貿易協定を結びます。私はシンガポールとの交渉メンバーの一人でした。この時は、政府の役人だけでなく経済界と学界から数名がメンバーに入っていたのです。最初の交渉の会議はシンガポールの大きなホテルで行なわれました。最初に挨拶をしたのが、シンガポールの首相であったゴー・チョクトン氏。彼はこう言ったんです。

「このシンガポールと日本のＦＴＡは、二一世紀のＦＴＡにならなければならない。単なるＦＴＡで終わってはならない」と。

生徒　どういう意味でしょうか。

伊藤　会議でもそう質問する人がいましたよ。質問に対して、ゴー首相は次のように答えたのです。

「今回、シンガポールと日本が合意した協定は、両国の関税撤廃だけで終わるのではない。投資や経済協力など関税以外の分野も重要なのであって、それらの分野でも積極的に連携を深めていこう」。そう言って決意表明をしたのです。ゴー首相のこの時の言葉は、とても印象的でした。

そのような背景から、日本とシンガポールが結んだ協定は、従来のＦＴＡ（自由貿易協定）ではなく新世紀のＦＴＡなんだという意味を込めて、「**ＥＰＡ（経済連携協定）**」と呼ばれるようになったのです。これ以降、日本が諸外国と結ぶ協定にはすべてＥＰＡという名称がつけられています。ですから日本にとっては、ＥＰＡであることが大きな意味を持っているのです。ＦＴＡとＥＰＡは区別なく議論されることも多いのですが、実際にはこのような違いがあるということ、わかっていただけましたか。

生徒　ただ日本としては、これまでずっと、コメにしても牛肉にしても他の農産物にしても、ガードばかりして関税引き下げには消極的だったので、そうした姿勢への批判をかわすためにも、関税撤廃以外の部分を重視していると強調したい考えがあるのではないでしょうか。

伊藤　そういう面もあるでしょうね。しかし、現実問題として、日本とアジア諸国との経済関係は、単純な貿易だけではありません。とても複雑です。貿易にともない企業の海外投資が行なわれたり、人材の行き来もあります。多様な経済活動を促進するには、実はいろいろな制度を調和させたり、安心して投資できるよう安全装置を作ったり、国営企業の過度な保護を排除して競争条件をできるかぎり等しくするなど、さまざまな改変が必要となります。ものすごく大変な交渉を続けなければならないのです。

今回のＴＰＰを見てもわかるように、たとえば医薬品のデータ保存の年限を統一するとか、政府が国有企業を不当に保護するということ（ベトナムやマレーシアではそういう事態が危惧されるため）はできるだけ制限するような規則を設けるなど、貿易の外の世界のことも重要案件として議論が尽くされ、合意形成のプロセスを踏んでいます。関税だけではないよというメッセージには、そうした新協定を運営するための現実の諸相が反映しているのだと思います。

ISDS条項

伊藤　貿易の外の世界での動きで近年最も盛んに行なわれているのが、企業による直接投資です。日本企業でも多くの企業が莫大な資金を投じて、海外に活動拠点を広げていますよね。

生徒　貿易と企業の直接投資は、どういう関係になるのでしょうか。

伊藤　重要なポイントです。貿易と投資は相互に補完関係なんですね。どういうことかというと、貿易が拡大するためには、企業による直接投資が増えることが必要であり、直接投資が増えればそれによって貿易も活発に行なわれるようになるわけです。

生徒　ということは、ＥＰＡやＦＴＡでお互いに貿易を促進しようとするなら、双方の国の企業による投資も伸ばす方向に持っていかなければならないのですよね。しかし現実には、ＥＰＡやＦＴＡを結んでも、企業による海外投資にはさまざまなハードルがあるように思います。相手国の法律や制度で不利な状況に陥ったり、外交上の問題に巻き込まれたりと、海外投資には多くのリスクがあります。

伊藤　おっしゃる通りです。国と国がＥＰＡやＦＴＡを結んで市場が広がると、企業は積極的に投資をしようとします。海外で販売することはもちろん、生産や技術開発などさまざまな活動を行なうために、資金を投じて海外に拠点を作りますね。その時に、企業が海外に出ていってビジネスを行なうためには、その企業の活動が法の下に保護されなければなりません。そういう保障がなければ、企業は安心して出ていけませんよね。協定は成立したけれども、相手国の制度が不安定で、政府が不当に企業活動に介入してくるといった状況では、企業の投資意欲はなくなります。そんな危険を冒してまで、相手国に活動拠点を設けようとは思いませんからね。

これでは困ります。先ほども言いましたが貿易と投資は補完関係ですから、ＥＰＡやＦＴＡは、貿易と同時に投資もより活発に行なわれるようにすることが制度の目的でもあるのです。ですから、投資が不当に妨げられるような事態に陥らないように対策を打っておくことも、協定締結の重要な条件となります。

そのための安全弁として、**ＩＳＤＳ条項**というものを設けています。これは、投資家と政府の紛争処理に関する制度で、Investor-State Dispute Settlement の頭文字を取ってＩＳＤＳ条項といいます。ＴＰＰ交渉では、反対の理由としてよく出てきたので記憶にある方も多いと思います。

一つ例をあげましょう。

ＮＡＦＴＡによってアメリカとカナダとメキシコが自由貿易協定で結ばれた時、カナダの企業がアメリカの石油製品を製造する企業を買収して、アメリカ市場でその製品を売り始めました。ところが、カリフォルニア州では、環境を汚染するような製品を販売してはいけないという規則があって、その製品が汚染する危険性のある物質を含んでいるという理由で販売ができなくなってしまいました。困ったカナダの企業は、ＩＳＤＳ条項に訴えました。このケースはしばらく審議が続いて、結局はカナダの企業の訴えはしりぞけられたようですが、相手国の制度や対応がアンフェアだと思った時や正当性に疑問がある時は、第三者機関（国連と世界銀行の下にある）に訴えられる仕組みがあることが重要で、その制度がＩＳＤＳ条項だということです。

四　WTOの果たした役割

WTOの機能①　関税を上げないルール

伊藤　さて、ここまで一気に、最近の世界の貿易体制の動きについて主要なトピックを取り上げて概観してきましたが、皆さんどうでしょうか、さまざまな議論が渦巻くなかで、世界がいまどの方向に動いていているか感じ取っていただけたでしょうか。

生徒　WTO＝GATT体制をベースとしながらも、世界各国がFTA、EPAに積極的に取り組んでいるということがわかりました。本来、WTO＝GATTの基本的な考え方からすれば、特定の国と国が貿易自由化の協定を結ぶFTAやEPAは、グローバルに無差別な自由貿易体制を目指すWTO精神に抵触するのではないかと思っていましたが、現実の貿易自由化への交渉は、関税撤廃を叫ぶだけではもはや前に進めないということがわかりました。

伊藤　一九八〇年代までは、特定の国や地域が結ぶFTAの動きはそれほど活発ではありませんでした。それが、九〇年以降、急速に世界のあちこちで交渉が進みました。しかし先ほども言いましたように、戦後、世界の貿易システムを引っ張ってきたGATT＝WTO体制が弱体化したわけではありません。いまでもWTOはとても重要な役割を担っています。この点についてお話しして第一回の講義を終えたいと思います。

WTOの重要な役割とは何でしょう。

生徒　第一には、世界の国々が活発に貿易を行なえるように、さまざまなルールを作ったことではないでしょうか。

伊藤　その通りですね。まず、関税の引き上げを禁止しました。このルールには、一九三〇年代の世界大恐慌の頃の反省が色濃く反映しています。国際経済における制度について議論する時に、一九三〇年代の世界大恐慌のことがよく話題になるのですが、あの時、いったいどのようなことが起きたか、説明できますか。

一九二九年一〇月二四日、ニューヨーク株式市場の大暴落（いわゆる「暗黒の木曜日」）に端を発した不況は、瞬く間に世界中に広がりました。世界大恐慌の始まりです。株価の大暴落、失業の拡大、銀行の倒産、南米では多くの国が債務返済不能に陥りました。

世界的な恐慌のなかで、国際貿易も急速に縮小していきました。大きな要因は、アメリカが自国を守るためにスムート＝ホーリー法という関税に関する法律を制定して、二万品目以上の輸入品の関税をすさまじく上げたこと（**スムート＝ホーリー関税**）がまずあげられます。対抗策として多くの国がアメリカからの商品に高い関税をかけて報復し、結果としてアメリカの輸出入は一気に半分以下に減ってしまいました。

それから、イギリスとフランスでは自国と植民地と友好国を守るために、いわゆる**ブロック経済**の体制をしきました。イギリスでは、エジプト、インド、オーストラリア、カナダなどと組んで、そのブロック内は関税ゼロ、外に対しては高い関税を課すという施策に出ました。

このようにして国内マーケットを守るために、外からの貿易を制限したわけですが、結果的には大恐慌はさらに悪化していき、貿易を縮小させて、世界経済の傷をさらに深くしてしまいました。この時の最大の反省点は、各国が関税自主権によって勝手に関税を上げられるという状態が、保護主義に結びついたということでした。

そうした戦前の失敗への反省から作られた制度がＧＡＴＴです。したがって、ＧＡＴＴの制度にはいろいろありますが、何といっても一番重要な制度が関税の引き上げの禁止なのです。戦後の国際経済体制は、その基本的ルールの上に構築されていきました。この制度によって、いまのグローバル経済では、ブロック経済化は起こりにくい状態が維持されています。これがＷＴＯの機能の一つです。

各国の交渉の手法が、マルチだけでなくバイラテラルやリージョナルへと移行しても、このＷＴＯの役割がそれらのベースとなっていることは言うまでもありません。

ＷＴＯの機能②　紛争処理

伊藤　第二の役割は、紛争処理です。ＧＡＴＴがＷＴＯになり、現在のような紛争処理の制度ができたのが一九九五年です。

貿易というのは、国と国との間で行なわれるものです。したがって、必ず相手国があり、相手国との間には利害の不一致や意見の衝突が起こるのは必然で、その結果紛争が起こることもあります。一旦紛争が激化すると、沈静化にはものすごいエネルギーが必要となります。

私も経済学者としての前半生はこの国際紛争への対応に追われました。

私の人生も懸かった話なので、ちょっと聞いてください。皆さん、一九九〇年代の**半導体摩擦**って知っていますか。

生徒　八〇年代後半から九〇年代にかけての、日本とアメリカの半導体をめぐる激しい覇権争いのことですね。

伊藤　八〇年代、日本の半導体はものすごく強かったのです。半導体産業は日本の大手総合電機メーカーの稼ぎ頭でもあり、「技術立国」日本の象徴でした。これら日本勢の攻勢に、アメリカの半導体産業はかなりやられてしまいました。そこでアメリカは、政治的にこの問題を解決しようとして、貿易摩擦が起こったのです。

アメリカには半導体の産業組合のような組織があるのですが、そこが辣腕の弁護士を雇い、日本批判のレポートを作成しました。

「日本には系列取引があり、アメリカの半導体を日本に売ろうとしても売りにくくなっている、一方日本の半導体はどんどんアメリカで売れている。これは不当である」というのです。

たしかに、日立、東芝、富士通、ＮＥＣなど日本のメーカーは、半導体メーカーであると同時にユーザーでもあります。そうした垂直統合型の産業構造のなかで、外国製のナショナルセミコンダクターやモトローラの半導体が横から入って、富士通や東芝のコンピュータで使ってもらうことは非常に難しいわけです。

ところがアメリカの、モトローラ、インテル、テキサス・インスツルメンツなど半導体メーカーは、ユーザーとは独立です。そこに日本勢はどんどん入っていった、逆にアメリカの半導体メーカーは日本市場で排他的な扱いを受けている、日本の仕組みは不当だというのが彼らの理屈でした。

もう一つの理屈は、日本の通商産業省（現・経済産業省）でした。通産省は、日本の産業を育てるためにいろいろなことをやっていました。共同研究開発組合を形成して、企業のエンジニアを集めて、政府のお金を投じて皆で一緒に研究してその成果を共有するという産業政策を行なっていました。通産省の産業政策はほとんど成功しないのですが、半導体だけはなぜか成功していたんですね。アメリカは、これを不公正だ、アンフェアだと言ったわけです。アメリカの企業は政府の援助を受けていないのに対して、日本では政府が企業に有利な行動をとっていると、アメリカは批判してきました。

一九八六年に日米半導体協定が一度締結され、九一年には改訂が行なわれました。その改訂では日本国内の半導体の売り上げのシェア二割くらいを外国製つまりアメリカ製の商品を買うよう約束をかわしたと、マスコミがすっぱ抜いて大騒ぎになりました。通産省は最後までそういう約束はなかったと言っていますが、手書きの文書のコピーが出回るくらいですから約束したんだろうと思います。ひどい状態です。

生徒　次が自動車ですね。

伊藤　そうでしたね、アメリカは「二匹目のどじょう」を狙ったのです。ブッシュ・シニアが大統領の時に、一九九二年一月、アメリカのビッグスリー（ゼネラルモーターズ、フォードモーター、クライスラー）のトップを全員引き連れて日本にやってきました。トヨタ、日産、ホンダの社長を呼び寄せて、日本の自動車産業はやはり閉鎖的だと訴えてきました。ディーラーシップは閉鎖的でアメリカの自動車が入れないと屁理屈をつけて、日本国内のアメリカの自動車のシェアを増やすよう強硬に迫ってきたんです。これがいわゆる**日米自動車摩擦**です。日本側は、イオンがフォードのディーラーをやり、トヨタがフォルクスワーゲンのディーラーをやるといった形で対応するのですが、この時もその後も皆苦しみました。

生徒　先ほど、貿易交渉の四つの類型、マルチ、リージョナル、バイラテラル、ユニラテラルについてお聞きしましたが、日米貿易摩擦の協議は、類型的には日本とアメリカのバイラテラルの交渉ということになりますね。バイラテラルの交渉では、日本が圧倒的に不利な立場に立たされてきたということですね。

伊藤　まさにそれがバイラテラルの最大の問題なのです。日本がアメリカなどと二国で交渉すると、結局押し切られてしまう、その結果マーケットを非常にゆがめてしまうという弊害が生じます。でも実際に、こういう二国間交渉では日本は勝てないんです。日本は失うものがあるけれども、アメリカにはないからです。

生徒　アメリカの半導体を買わないのなら、いろいろなものに関税をかけて日本からの商品をアメリカに入れないと言われたら、日本は折れるしかないですね。

伊藤　そういうことです。それで結局、アメリカの半導体を一定量買うように各メーカーに指示したのだろうと思います。

アメリカの攻勢はさらに続きます。三匹目のどじょうをつかまえにきました。三匹目にターゲットを定めたのは、富士フイルムです。

当時日本では、フィルムを扱っている大手の問屋四社は、どこも富士フイルムの商品しか扱っていませんでした。コダックの入る余地はありません。そこで、アメリカは、いかに日本のフィルム市場は閉鎖的であるかと、また例の辣腕弁護士によるレポートを出してきたんです。そしてまた同じように、コダックのシェアがある程度以上になるように市場を解放せよと、日本政府に働きかけてきました。ところが、この三匹目のどじょうをめぐっては大変なことが起こります。

アメリカからの圧力に対して、富士フイルムは、これは歴史の改ざんであるとの反論レポートを提出したのです。もちろん、アメリカの別の有力な法律事務所の弁護士を雇って膨大な量のレポートを作成しました。お気づきかと思いますが、どちらにしてもアメリカの弁護士は儲かるようにできていますよね。

まあそれは置いておいて、そうしたところ、一つ大きな変化が起きました。この日米フィルム摩擦は、ちょうど一九九五年をまたぐ形となり、WTOができて、その中にパネルといって紛争を調停する裁判所のようなところが設置されました。そこで通産省は、アメリカと二国間で交渉するのをやめて、WTOのパネルにこの交渉を持っていき第三者に判定してもらおうという策に出たのです。アメリカ側にそのことを告げると、アメリカはいやいやでしたが、WTOをないがしろにするわけにはいきませんから、パネルに委ねました。結果、日本のフィルム市場には問題ないという判定が出たのです。二国間交渉での問題を、多国間交渉の場で解決したわけです。

これを機に、WTOのパネルでは、さまざまな判定が行なわれるようになりました。WTOのパネルによる紛争処理の機能は非常に重要です。

もう一つ、この時に起きた有名な事件に言及しますと、日本は焼酎の酒税が安かった。ウイスキーやブランデーの酒税は高かった。どちらも蒸留酒ですが、日本人の感覚としては、焼酎は庶民の飲み物でウィスキーやブランデーはお金持ちの飲み物なのだから、焼酎の税金が安くてウィスキーやブランデーの酒税が高いのは当然と思うかもしれません。しかしフランス人やイギリス人からすれば、なぜウィスキーとブランデーが差別されなければならないのか、とんでもない、同じ税率にしてほしいとなりますよね。

酒税は財務省の管轄です。財務省としては焼酎の税率を上げて、ウィスキーやブランデーの税率を下げて同じようにして、税収が一定になれば何も問題がないのです。しかし困ったことに、焼酎の生産地には有力な政治家が多く、財務省も焼酎の税金を上げるとはなかなか言い出せずにいました。

そこでパネルが効いてくるのです。日本政府はこの問題を、WTOのパネルに持っていき裁定をあおぎました。すると、日本の酒税制度は改めるべきであり、焼酎の税金を上げて、ウィスキーやブランデーの税金を下げて、税収はきちんと確保するという話になりました。

このようにWTOは、バイラテラルやリージョナルの交渉の場で起こりがちな利害対立や不当な圧力行使など、さまざまな紛争を処理するパネル機能において、とても重要な役割を果たしているのです。

第二講義

「国際収支」と「為替レート」再入門

一　国際収支とは何か

原発事故で貿易収支は赤字になった

伊藤　前回は、国際経済学とはそもそもどのような学問なのか、その中にはどんな分野があるのかといった話を最初に少しだけして、その後、比較的身近でリアルな貿易や投資の話題を中心に通商問題を取り上げました。

今日これからお話しするのは、学問的にいえば**国際マクロ経済**、**国際金融論**に関することになります。

前回、国際経済学の最も重要な対象は、自分たちの国の経済つまり日本経済だとお話ししましたね。国境を越えたいろいろな取引を詳しく分析することによって、日本経済の姿をきちっと見つめましょうというのが国際経済学です。

日本経済の国際化は着実に進み、世界の経済と日本の経済がますます連動を深めていますよね。ギリシャで財政危機が起これば、二〇一二年の時には急速に円高が進みました。あるいは、日本で原発事故が起こって電力供給が低下すれば、その代わりを火力発電所で補うために（燃料となる）石油製品を大量に輸入しなければならない。そうなれば当然、貿易収支は赤字の方向に向かいます。しかしその石油価格が下がってくると、貿易赤字額は縮小していく、と。こうした動きが日々、めまぐるしく展開しています。

このように、国際経済で起こっていることと、一国のマクロ的状況とは密接な関係にあります。そのいわば連結点がどうなっているのかを分析するのが、今日お話しする国際マクロ経済や国際金融論ということになります。海外との経済関係を明示的に考慮に入れながら、一国のマクロ経済政策のあり方やマクロ経済の動きについて考える分野が、まさに国際マクロ経済学なのです。

さて、その連結点でのつなぎを理解するために、少なくとも二つの重要な概念があります。一つが第一講義で触れた「**国際収支**」です。国際収支については、貿易収支や経常収支という形で、経済の議論をする際には日常的に使われていますが、もう一段掘り下げて、国際収支が一国のＧＤＰや消費や投資といかに密接に関係しているかという点について基礎知識を学んでおきましょう。

もう一つ大切なのが「**為替レート**」。為替がどのように決まるのか、どう動くのか、そして経済にどう影響するのか、あるいは企業はその動きに対応するために何が必要なのか、といった話です。こちらも大変重要なテーマですので、きちんとそのメカニズムの大枠を押さえておきましょう。

国境を越えて取引されるものは四つしかない

伊藤　最初に国際収支について話をしていきます。国際収支は英語で Balance of Payments といいます。その統計で Balance of Payments Statistics（国際収支表）というものが、各国から出されます。一月一日から一二月三一日、あるいは四月一日から三月三一日までの一年間、国境を越えて行なわれた取引をすべて、複式簿記の原理に基づいて貸方および借方に別々に同額計上されます。二〇一四年に全面改定され、現在は図表2のように発表されていますが要するに、「一年間の国際取引の受取と支払の勘定の記録」です。

どのような項目に分かれているかといいますと、大きく三つの項目があります。一番上の項目は「経常収支」、次が「資本移転等収支」、最後が「金融収支」です。

図表2　国際収支状況（速報）
Balance of Payments (Preliminary)

（単位：億円,%）
（¥100 million,%）

項　目	平成27年 2015C.Y.	前年 2014C.Y.	対前年比増減 Changes from previous year	Item
貿易・サービス収支 （対前年比）	−22,062 （−83.6）	−134,817 （ 10.0）	112,755	Goods & services (Changes from previous year)
貿易収支 （対前年比）	−6,434 （−93.8）	−104,016 （ 18.6）	97,582	Goods (Changes from previous year)
輸出 （対前年比）	751,773 （ 1.5）	741,016 （ 9.2）	10,756	Exports (Changes from previous year)
輸入 （対前年比）	758,207 （−10.3）	845,032 （ 10.3）	−86,826	Imports (Changes from previous year)
サービス収支 （対前年比）	−15,628 （−49.3）	−30,801 （−11.5）	15,173	Services (Changes from previous year)
第一次所得収支 （対前年比）	207,767 （ 14.7）	181,203 （ 5.5）	26,563	Primary income (Changes from previous year)
第二次所得収支 （対前年比）	−19,292 （−3.2）	−19,929 （ 101.5）	637	Secondary income (Changes from previous year)
経常収支 （対前年比）	166,413 （ 529.0）	26,458 （−32.7）	139,955	Current account (Changes from previous year)
資本移転等収支	−2,713	−1,987	−726	Capital account
直接投資	160,395	118,134	42,261	Direct investment
証券投資	160,154	−49,502	209,656	Portfolio investment
金融派生商品	21,460	36,396	−14,936	Financial derivatives (other than reserves)
その他投資	−136,886	−58,935	−77,951	Other investment
外貨準備	6,251	8,898	−2,647	Reserve assets
金融収支	211,374	54,991	156,383	Financial account
誤差脱漏	47,674	30,520	17,154	Net errors and omissions

（備考）四捨五入のため、合計に合わないことがある。
(Note) Totals may not add due to rounding.
（出所）財務省

外国への直接投資とか証券投資など資本の取引に関する収支は、すべて金融収支の項目となります。資本以外のものの国際間の取引を、経常収支と資本移転等収支の項目で扱います。
資本以外のもので、国境を越えて外国に渡したり、外国から受け取ったりするものには、どのようなものがありますか。

生徒　まずはさまざまな商品が外国に出ていきますし、外国から入ってきます。それにともないサービスもやりとりされます。

伊藤　そうですね、物とサービス。これらはとてもわかりやすい。ほかには、どうでしょう、何かありますか。

実はあと二つあるんです。国際収支において、国境を越えていくものは、基本四つです。一つが「物」、二つ目が「サービス」、三つ目が「所得」、そして四つ目が国際収支に独特なもので「移転」というものがあります。

これらの項目すべてにおいて、日本に外国から入ってくるものと、日本から外国に出ていくものがあります。そして、すべての取引は双方向となっています。つまり日本から外国に自動車が輸出されれば、必ずそれに対する対価が支払われるということです。

四つの項目を見ていくと、「物」の取引はわかりやすいですね。商品の輸出・輸入すなわち貿易です。

「サービス」取引は、目に見えませんが、たとえば日本の運送会社が海外の人の運送を請け負えば、サービスが輸出されていることになります。その逆に、海外のアーティストが日本でコンサートを開催すれば、海外からのサービスの輸入になります。ほかにも情報通信サービス、金融サービス、最近ではネット取引でのさまざまな取引も、ここに分類されるものが多いです。

生徒　「所得」というのは、どういうものでしょうか。

伊藤　所得は、たとえば海外の株式を持っている場合に支払われる配当や、海外の債券を持っていることに対して支払われる利子、それから海外の不動産を持っていて得られる不動産収益などです。

生徒　「移転」というのは、どういうものでしょうか。

伊藤　移転は、国際収支に独特なもので、ちょっとわかりにくいかもしれませんが、私は、移転のことを「ありがとう」と呼んでいます。

どういうことかといいますと、たとえば皆さんが日本で古着を集めてアフリカの貧しい国に送るという援助を行なったとします。この場合、アフリカに物を送るという行為そのものは物の輸出となりますね。しかし、皆さんは援助や寄付として送るのですから、その行為は無償で行なわれます。よって、アフリカの支援団体とかから対価が支払われることはありません。つまり、物は輸出しているけれども、対価として入ってくるものはない、ということになります。

ただし、国際収支上は両建てにしなければバランスがとれません、会計上は日本が受け取るものも書かなければならないということです。そこで、日本からの無償の行為（洋服の輸出）に対して、アフリカからの「ありがとう」を受け取るという解釈をするわけです。このような取引を、移転と呼んでいます。

すべての取引は双方向

生徒　国際収支表には、すべての取引に対して、日本から出ていくものと、日本に入ってくるものを、両方記載しなければならないということはわかりました。しかし、たとえば日本企業が商品を外国に輸出して、その対価を受け取るという最もシンプルな取引においても、その対価の支払われ方にはいろいろな方法がとられるように思います。支払い方法によって記載の仕方も変わってくるのでしょうか。

伊藤　はい、その通りです。支払いの形態にはいろいろありますから、どのような形で支払われるかによって、どの欄に記載するかが違ってきます。

日本企業の輸出で一番多いパターンは、たとえばトヨタ自動車が自動車を輸出して（日本が引き渡す）、手形で支払い（日本が受け取る）が行なわれるというケースです。手形は短期証券で、債権債務関係で発生する資産になります。したがって、資本収支の欄の受け取り側に記載されます。

そのほかに、たとえば自動車をアラブの国に輸出して、その代金が石油で支払われたとしましょう。その場合、日本は石油を輸入することになるので、物の輸入の欄に記載されます。つまり自動車の輸出と石油の輸入が同時に行なわれることになります。

また別のケースでは、発展途上国に自動車が輸出され、その支払いが長期借款で将来支払われるということもありますよね。ではこの支払いはどこの欄に記載されるか、わかりますか。

生徒　日本から自動車が出ていき、相手国からは長期借款の証券が入ってくるということですね。ということは、証券などの受取りになりますので、手形と同様の資本収支の受取りの欄に書き込むのではないでしょうか。

伊藤　そうですね。この場合には、自動車の輸出と証券の輸入が同時に行なわれていることになります。

ここで先ほど説明した「移転」を思い出してください。これは、自動車を援助として発展途上国に無償で提供するというケースに相当します。実際に支払いが行なわれるわけではないのですが相手先の国から「ありがとう」という声が届き、それが国際収支表に記入されると考えればよいわけです。

以上のように、すべての取引は双方向のものであって、国際収支表の中身は、すべての取引が左側（借方）と右側（貸方）の両方の欄に記入されます。結果、国際収支表の左側の欄をすべて足し合わせたものと、右側の欄をすべて足し合わせたものは、原則としては等しくなっているはずです。もちろん統計上の誤差は生じますし、たとえば麻薬の密輸取引などがあったとしても統計上その明細を取ることはできませんから、それらを除けば必ず左側と右側は等しくなります。

最初のほうでも言いましたが、これは複式計上の方式を採用しているため、すべての収支および増減を合わせると必ず均衡するというのが基本原則となります。一見当たり前のように思えますが、国際収支を考える時にたいへん重要な概念となります。

ここまでで皆さん、国際収支表のだいたいのイメージがわかっていただけたでしょうか。インターネットで検索すると実際の国際収支表を見ることができるので、そういうものを見ていただくとさらにイメージがはっきりとつかめると思います。

経常収支には二つの顔がある

伊藤 ではもう少し踏み込んで、国際収支表の中身を見ていきましょう。
国際収支表を見る時に、非常に重要なのは、どこかに線を引くということです。最も標準的な線の引き方は、経常取引の下のところで線を引いて、物・サービス・所得・移転を合わせた経常取引のプラスマイナスの部分と、それ以外の取引のプラスマイナスの部分に分けて考えます。線の上のことをabove the line、線の下のことをbelow the lineといいます。
なぜ、経常取引とそれ以外を分けて考えるか、わかりますか。
生徒 国際収支では、その部分がボリュームとしても大きいし、重要だからではないでしょうか。

伊藤　そうですね、国際経済を議論する時に、一番重要なのがこの above the line の経常取引のプラスマイナス、すなわち経常収支なんですね。新聞やテレビのニュースで経常収支のデータが発表されると、それを見て人々は日本の黒字が増えたとか減ったとか、そうした動きを把握するわけです。

　では経常収支が黒字である状態を考えてみましょう。経常収支が黒字ということは、どういうことでしょうか。

生徒　日本から外国に輸出された物やサービスの額のほうが、外国から輸入した物やサービスの額より多いという意味です。

伊藤　その通りです。それが表側の意味です。

生徒　表側ということは、裏側があるのですか。

伊藤　経常収支の黒字には、その背後で起きている裏の意味があります。物やサービスが売買されている裏側では、必ずそれらに対する支払いが行なわれているはずですね。経常収支が黒字という場合、日本が外国から受け取る金額が、日本が外国に支払う金額よりも多くなるはずです。

　ただし、先ほども説明したように、支払いは手形による支払いもあれば、預金の口座間の移転もあるでしょうし、証券で支払われたりすることもある。つまり、外国に自社の商品を輸出した日本企業は、いろいろな形で代金を受け取るわけです。その時、企業は、いつまでも預金や手形のままで置いておくことなどしないでしょう。その資金で株や不動産を購入するかもしれないし、輸出による利益を社員への賃金や株主への配当として還元するかもしれません。あるいは、それらの賃金や配当を得た社員や株主が、さらに外国の株や不動産を買うかもしれません。

このように、物やサービスの輸出入の背後では、膨大な量の資産の取引が行なわれていて、手形から株へ、株から不動産へ、預金から賃金へ、賃金から株へというように、巨額の資産の資産間の置き換え（リシャッフル）が起こっているのです。経常収支というのは、一年間（あるいは一カ月間）の取引を集計したものですが、そこにあらわれた黒字という売買のギャップは、結果的にはさまざまな形の資産に置き換わっていることになります。

海外に対する債権の純増

生徒　日本の経常収支が黒字である場合、そうすると、黒字の分だけ外国から日本へさまざまな形で資産が入ってきていることになるのですね。

伊藤　そういうことです。経常収支の黒字が増えれば、日本の企業や個人が保有する外貨や外国企業の株、社債、外国政府の発行する国債などが、どんどん増えていくことになります。経常収支の黒字は、経済用語や政府の用語では「海外に対する債権の純増」と呼ばれるのですが、それはそういう意味からなんですね。

日本から国境を越えてさまざまな商品やサービスが外国に出ていき、逆に外国から日本に入ってくるという目に見える取引の背後には、このような金融的な側面が存在しているということがわかってもらえたでしょうか。経常収支には二つの顔がある、たいへん重要なポイントですのでしっかり押さえておいてください。

ではもう一歩踏み込んで、この「海外に対する債権の純増」が意味することは何かを考えてみましょう。

経常収支の黒字を長期間続けると、それだけ海外に対する債権としての資産を蓄積することになります。現在の日本がそうですね。日本は海外に対して資産を増やし続けています。これに対して、アメリカのように経常収支の赤字が続いている国は、それだけ海外に対して債務を積み上げていることになります。

日本政府の借金は一〇〇〇兆円を超えて、いまやGDP比で二〇〇%を超える政府の借金がある、日本は財政破綻する、大変だ、とよく言われますね。もちろん大変な状況であることは間違いないのですが、ではギリシャやスペインの状況と同じかというと、そこは微妙に違います。日本は政府が大きな借金を抱えている一方で、一九八〇年代前半から三〇年以上にわたって経常収支の黒字を続けてきました。それもかなりの資産が積み上がっています。ですから、日本は、政府部門だけを見るとかなりの負債を抱えているのだけれども、オールジャパンで見ると海外に対して多くの資産を保有しているということになるのです。

これは何を意味するかというと、政府以外の企業と個人が持っている資産が、政府の抱える借金を割り引いてもまだ残るくらいの余裕があって、その残った分だけ海外に対して資産を持っているということになります。この点で、海外に負債をたくさん抱えているギリシャやスペインとは少し違うといえるのです。

生徒　日本は、二〇一一年頃から貿易収支は赤字が続いています。でも経常収支は黒字です。ということは、そうした海外に対する債権の純増で資産が積み上がって、それに対する利子や配当などが入ってきて貿易赤字を埋めているということでしょうか。

伊藤　そうですね。貿易収支は、経常収支の中の商品の輸出と輸入のプラスマイナスのことです。その部分が日本では、石油や天然ガスなどの輸入のために、過去赤字が続いてきました。しかし、おっしゃる通り、資産に対する配当や利子といった所得の部分で相当な黒字が出ますので、結果的には経常収支は黒字となっています。

国際経済とマクロ経済の密接な連関

伊藤　もう一つだけ、経常収支について大事な話をします。ちょっと式を書きますね。

この式（図表3）の意味をこれから説明していきます。単純な足し算引き算だけですので、厄介と思わずに聞いてください。

この式は、日本の物やサービスにおける総供給（左辺）と総需要（右辺）をあらわしたものです。まず左辺の供給サイドですが、供給チャネルは詰まるところ二つしかないのです。すなわち、国内で作る＝国内総生産か、外国から輸入するか、です。したがって、この二つの和が、日本における総供給となります。

図表3

国内総生産＋輸入＝
消費＋投資＋政府支出＋輸出

それに対して、右辺の需要サイドには、四人の消費する人がいます。一人目は家計（消費者）、二人目は企業、三人目は政府、四人目は外国の人。家計が買うものを消費と呼びます。では、企業が買うものは？

生徒　投資と呼ばれるものですね。

伊藤　はい。そして政府が買うものを政府支出と呼び、外国人が買うものを輸出と呼んでいるわけです。

企業がお金を使う投資には、三つほど大きなものがあります。皆さん、企業で働いていらっしゃる方はよくご存知だと思います。

生徒　一つは設備投資です。そして研究開発への投資が二つ目ですね。三つ目は、在庫を抱えている場合、それも投資と考えなければなりませんので、この三つです。

伊藤　ありがとうございます。

政府支出は、たとえば介護サービスに対して政府が支払いをしたり、大学の教育に政府がお金を使えば、これらは政府支出となります。

いずれにしても、この四者のほかには、物やサービスを買う人はいませんから、これらの総和が、日本における総需要となるわけです。

そして、いかなる場合でも、この等式の関係が成立しなければなりません。国内で生産されたり輸入されたものは、必ず誰か（どこか）が引き取るからです。売れ残ったものは、企業の在庫投資と考えられるので、これも企業が投資して需要したことになります。

そう考えると、たしかにこの等式は必ず成り立ちますよね。当たり前のようですが、これはきわめて重要なことですのできちんと頭に入れてくださいね。

さて、この等式（図表4）を移項してみたいと思います。

図表4　総需要

輸出－輸入＝国内総生産－国内総支出（消費＋投資＋政府支出）

こうしてみると、この新しい式の左辺は、国際収支表の経常収支に近いものですよね。サービスも含めた貿易収支のことです。一方、右辺は、日本で生産される物とサービスの額から、日本で需要される物とサービスの額を引いたものです。この等式をよく見てください。左辺は国際経済の話で、右辺はマクロ経済の話なのです。要するに、国際経済と一国のマクロ経済は密接にリンクしていることを、この式は端的にあらわしています。

この式から何が言えるかというと、一国が自分たちで生産する以上に物やサービスを需要しようとすれば、貿易収支は赤字になるし、逆に需要のほうが生産を下回っていたら、貿易収支は黒字になるということです。

生徒　自分たちが生産するものより多くの物を欲しいと思えば、それは海外から買うしかないし、自分たちが欲しいと思う以上の物を作っている場合、それは海外に売っているということですね。

伊藤　そんな感じです。アメリカの貿易収支がずっと赤字続きである理由は何かというと、まさに作った以上に買っているからです。消費や投資がとても強い国ですからね、アメリカは。逆に、日本がずっと黒字を続けてきた（東日本大震災までは）のは、日本国内の需要が生産水準を下回っていたからですが、その背景には日本の高い貯蓄性向があって、なかなか消費が伸びないんですね。

そのようなわけで、貿易収支を見る時には、国内の需要と供給の関係を見なければならないのです。

二　為替レートと日本の競争力

円ドルレートと実効為替レート

伊藤　さて、次にもう一つの重要な概念、為替レートについて、これから皆さんと議論していきたいと思います。

為替についても、いくつか基礎知識を押さえておきましょう。ご存知のように、為替というのは異なった二つの通貨の間の交換比率のことです。円で評価した外貨の値段が為替レートです。一ドル紙幣を買う時のお値段や、一ユーロ紙幣を買う時のお値段が、円でいくらかということです。

では実際に、円でドルを買うのは、どんな人たちでしょうか。

生徒　外国から何か商品を輸入している企業は、その代金をドルで支払う必要があるので、円をドルに替えます。

伊藤　そうですね、現在の日本の輸入の多くは、ドルで支払いが行なわれていますので、輸入する企業はドルを調達する必要があります。そのほかに、海外へ投資をしようとする企業や個人もドルを買おうとしますよね。外国の企業の株や外国の土地や家を買おうとしたら、ドルが必要になります。
生徒　海外旅行の時も、円をドルに替えて持って行きます。
伊藤　逆に、どんな人たちがドルを売るかは、それらの反対を考えればわかりますね。商品を輸出している企業は、代金をドルで受け取ると、それを円に替えなければなりません。海外の株を保有していた人が、それを売って円に替える時もドルが売られることになります。そうした時、為替レートはきわめて重要ですね。
　さて私たちが通常、為替レートという時は、円とドルの交換比率である円ドルレートを指す場合が多いです。テレビや新聞のニュースでも、円ドルレートの動きで、円高とか円安と報じています。
　ドルは基軸通貨ですし、アメリカは日本にとって最大の貿易国であり、アジアの国々も自国通貨をドルにリンクさせており、円ドルレートは円の為替レートの水準を見るには都合がいいわけです。しかし、特定の国との間の為替レートを見ているだけでは、日本円の総合的な価値はなかなかつかみにくいですよね。そこで、一国の通貨の対外競争力（強さ）を、単一の指標で総合的に捉えるための指標が、国際通貨基金（ＩＭＦ）や各国の中央銀行により算出されています。それが「**実効為替レート**」(effective exchange rate) と呼ばれるものです。実効為替レートは、さまざまな通貨に対する円レートの平均のようなものです。経済の統計資料を見る時には、この実効為替レートがとても重要となります。

為替レートを議論する際には、円ドルレートや円ユーロレート、円ポンドレート、円人民元レート、円ウォンレート等々、二国間の為替レートの動きと、多国間の相対的な為替レートを示す実効為替レートの二つを常に意識して分けて考えなければなりません。このことが、為替レートを見る際にまず気をつけなければならないことです。

為替レートにも名目と実質がある

伊藤　そしてもう一点、為替レートを議論する際には気をつけるべき重要なポイントがあります。それは、為替レートには、「**名目為替レート**」と「**実質為替レート**」があるということです。ますます厄介だと思われるでしょうが、この名目と実質の区別は非常に重要ですので、少しだけ頑張って整理しながら聞いてください。

以前の講座（『日本経済を「見通す」力』収録）でも、名目金利と実質金利の違いやその比較について解説しましたので、覚えていらっしゃる方もいるのではないでしょうか。

生徒　はい。私たちが普通に金利何%と言う時は、名目金利のことを言っていて、それはその時の物価の動きなどを無視した名目上の数値であるということ。それに対して、実質金利というのは、物価動向を加味して調整した実質的な金利のことです。世の中には、名目金利と実質金利を混同した間違った議論が横行しているので、気をつけないといけないということでした。とくに家を買う時や、株の売買をする時には、名目金利で判断せず、実質金利で考えなければならないと思いました。

伊藤　そうですね。金利の名目と実質の比較をしますと、たとえば一〇年物国債の利回りはいま、〇・五%。これは「名目金利〇・五%」という意味ですが、この数値だけ見ても何も判断できません。なぜかというと、〇・五%の名目金利でも、その時に物価が二%下がっていれば、経済学者は「実質金利二・五%」と考えます。物価が下がっている段階での名目金利〇・五%というのは決して低金利ではないのです。

ところが、同じ名目金利〇・五%でも、その時に物価が二%上がっていると、経済学者は

「実質金利一・五％マイナス」と考えます。いまおっしゃったように、住宅購入を実際に考えている場合、皆さん、どうでしょうか。どちらの局面でなら購入を決断しますか。

生徒　後者の時でしたら、買い時でしょう。

伊藤　名目金利だけで判断していけない理由がわかりますよね。こういうことは、実際に生活しているなかで、皆さん感覚的にわかっている話だと思うのですが、残念ながら日々のニュースの指標にしても、報道番組などでも、ほとんどが実質金利に言及することなく名目金利だけで議論しているようです。

ですから皆さんは、名目と実質とを常に意識しながら、現状分析していただきたいと思います。非常に重要なことです。

話を為替レートに戻しましょう。為替も基本は同じです、同じように名目と実質があるのです。為替も金利や賃金など他の経済指標と同様で、普通に使われているのは名目為替レートです。したがって人々の行動も、実際かなり名目の数字に縛られています。こちらには、物価の動きは反映されていません。

先ほど、実効為替レートの話をしましたが、政府が経済政策の議論で使うのは「**実質実効為替レート**」になります。実質実効為替レートとは、円ドルとか、円ポンドとか、円ユーロとか、円人民元とか、いろいろな通貨を、それぞれの国と日本との関係の重要性でウエイトづけして、平均した動きを物価で調整するという形になります。このレートが実は、輸出や輸入、あるいは企業収益など諸々の経済活動とその結果に影響を与える存在だということをまず意識していただきたいのです。

実質実効為替レートについては政府の統計から検索してもらえば、皆さんでもすぐにとれますので、これからはこのレートを意識して使ってください。

為替レートの議論では、この実質実効為替レートが最も重要な数値となります。

一九九五年と二〇一二年、同じ一ドル＝八〇円だったが……

生徒　円とドルの為替レートにも、名目の円ドルレートと実質の円ドルレートがあるのですね。ビジネスにおいては、この名目と実質の違いは重大な影響をもたらしそうです。

伊藤　おっしゃる通りです。実効為替レートのことは一旦横に置いて、円ドルのレートで考えてみましょう。円ドルの為替レートの名目と実質の違いについては、実際の日米の経済状況を思い浮かべるとイメージしやすいと思います。

ご存知のように、円ドルレートは一九七一年までは固定為替レートで一ドル＝三六〇円でした。スミソニアン協定以降、金とドルの交換が停止され、各国の通貨は一斉にポンと上がりました。円は三六〇円から三〇八円に調整されて、その後二年間我慢しましたが結局守り切れず、七三年には**変動相場制**に移行していきます。三〇八円からどんどん上がっていって、八五年のプラザ合意の頃に二五〇円まで戻りますが、再びそこから上がり続けました。

皆さん、記憶にあると思いますが、一九九五年に円ドルレートは一ドル＝八〇円まで高騰しました。その年の四月には瞬間的にですが一ドル＝八〇円割れするという戦後の史上最高値をつけましたね。さすがにこの超円高には経済界から悲鳴の声があがり、その後徐々に戻していくわけですが、二〇〇七年秋にアメリカのサブプライムローン問題が明るみに出たあたりから再び円安から円高へと移行していきます。翌二〇〇八年秋にリーマンショックが起こると、マーケットは**リスクオフ**といって皆がリスクを避けようとしました。新興国の通貨をはじめ、この時はドルもユーロも危ない通貨だとされ、円に逃げてきたわけです。その後も二〇一一年末から一二年にも超円高の波が再来して、つい最近のことですけど、一時、一ドル＝七五円台と戦後最高値を更新しました。そこでまた悲鳴が上がったんですが、幸いにも安倍政権の登場で円相場は現在は一二〇円くらいの状況です。

図表5　日本とアメリカの消費者物価指数

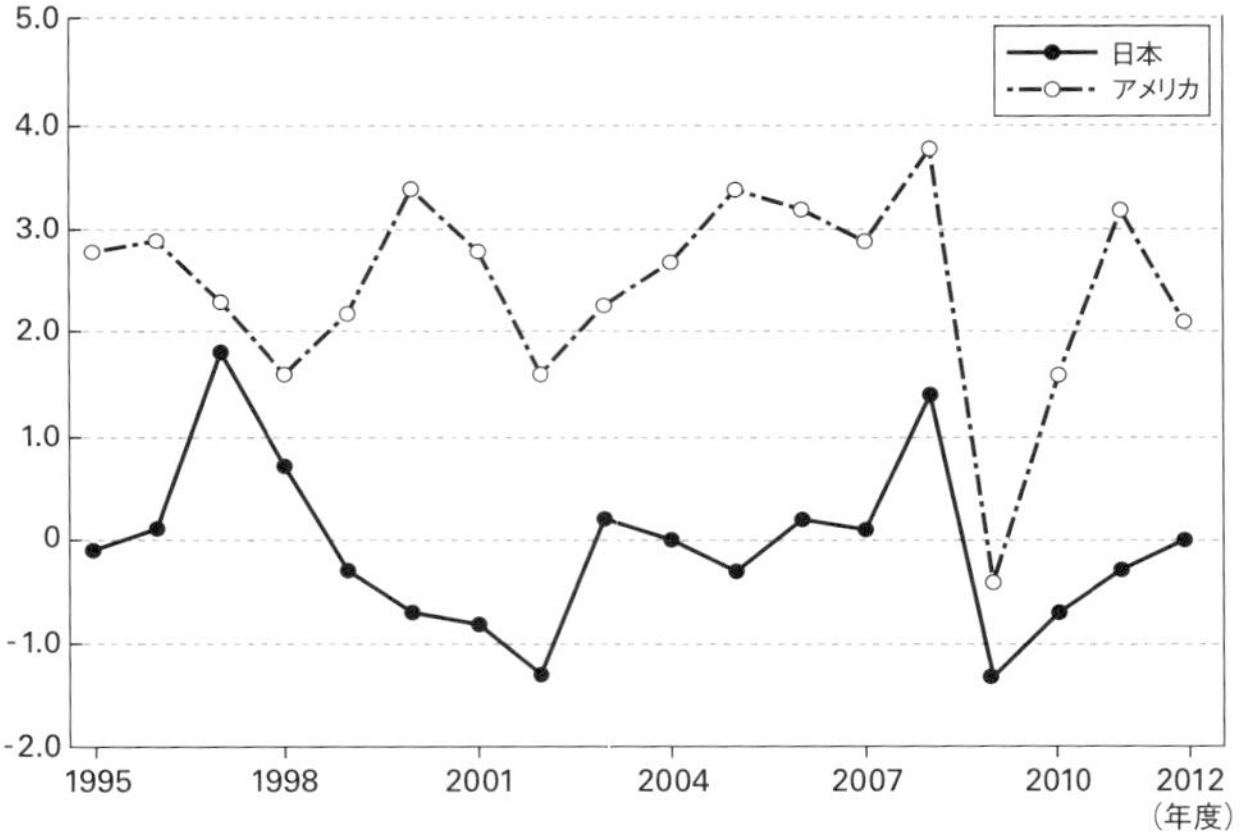

（出所）世界開発指標のデータを元に編集部作成。

さて、ここで考えていただきたいのは、一九九五年当時の一ドル＝八〇円と、二〇一二年の一ドル＝八〇円、名目上は同じレートです。ですが、同じ八〇円でも、その意味は全く違うということなんです。一九九五年から二〇一二年、この間の日本とアメリカの物価変動に注目してください。

生徒　統計（図表5）で見ると、アメリカはこの間に、だいたい二％〜三％で物価上昇しています。穏やかな上昇で、賃金も同様に上昇しています。一方、日本はデフレが続いていますから、物価上はゼロ％からマイナス一％で下落してきています。日米の物価変動は、プラスとマイナスで大きな開きが出ているということですね。

伊藤　そうです、日米で仮に年三%の開きがあるとすると、それが二〇年弱続けば、計算上は六〇%の開きになってもおかしくないわけです。実際にはもう少し低いと思いますので、四〇%として考えてみましょう。
一九九五年から二〇一二年までの間に、日米で四〇%の物価の差が生じていた場合、円とドルの関係にどういうことが起こるでしょうか。

図表6　実質の円ドルレート

実質の円ドルレート＝名目の円ドルレート×
（アメリカの物価指数／日本の物価指数）

↓

これが1より大きくなれば
（アメリカの物価指数が日本の物価指数より高くなれば）、
実質円ドルレートは高くなる。

この間の円ドルレートを比較すると、一ドル＝八〇円ということで名目レートでは変化がなく、円とドルの価値に変化がないように見えます。ところが、日本の物価が安くなってアメリカの物価が相対的に高くなっている分だけ、実質レートでは円安になっているんですね。わかりますか。
式で書くと、上のようになります（図表6）。
名目レートが同じであっても、（　）の中が1より大きくなれば（アメリカの物価指数が日本の物価指数より高くなれば）、実質レートは高くなります。二〇年間の日米の物価上昇率の変化に着目すると、四〇%アメリカの物価が日本の物価より高くなったということは、為替レートは四〇％円安にシフトしたことになります。したがって、名目では同じでも、実質では円のドルに対する価値は下がった（逆にドルの価値が上がった）ことになるのです。

生徒 日米で、たとえば円ドルレートが一〇〇円から一二〇円になって二〇％円安になることと、アメリカの物価が二〇％上がる（日本の物価はそのままで）ことは、同じ意味を持つということでしょうか。

伊藤 そういうことです。あるいは、円ドルレートが一〇〇円から一二〇円になることと、日本の物価が二〇％下がることは同じことなんですね。国際競争という意味では、実質的には同じ影響となります。為替レートと物価変動の間の関係に注目する必要があるのです。

先ほど申し上げた物価の変化率に着目すると、少し難しいかもしれませんが、次のような式（図表7）を考えることができます。

物価変動の影響は、一年や二年では大したことはないのですが、二国間で三％の物価上昇率の開きがあると、その状態が二〇年も続いたら複利で七〇％近くの開きが出てしまうことになります。そういう意味ではいま大変なことが起きているのです。

経済界の方に、「この二〇年で日本では賃金がほとんど上がっていません。でも、この間

図表7　変化率で見た実質為替レート

円ドルレートの変化率－
（日本の物価上昇率－アメリカの物価上昇率）

にアメリカでは七〇%も賃金が上がっているんですよ」と申し上げることがあります。皆さん一瞬驚いた顔をされるのですが、これが現実です。中国ではおそらく三〇〇%とか四〇〇%というオーダーだと思います。

名目の為替レートを見ているだけでは、このような世界各国の経済のダイナミックな動きをつかむことはできません。二国間の為替レートにおいても、実効為替レートにおいても、名目に縛られることなく実質レートで見ることが大切です。

生徒　日本の中にいるとなかなかわからないことです。名目為替レートの変動をニュースで確かめるだけではいけませんね。

伊藤　そうなんです、むしろ外国人のほうが日本の状況をよくわかっていたりします。アメリカ人と話をすると、彼らは、一九九五年当時日本に出張に来るとすべての物が高いと感じたと言います。吉野家の牛丼は当時四〇〇円で高いと感じたし、ホテルの宿泊代も高かった。しかし、二〇一二年ごろに日本に来た時は、日本は物価が高いと身構えて来たのに、いろいろな物が安くなっていて驚いたと言うんです。ちなみに、吉野家の牛丼は二八〇〇円でした。

先日も、福岡であった日豪経済合同委員会会議という国際会議で印象に残ったのは、「日本の外食チェーンがシドニーにも出店しているのだが、同じサバの味噌煮定食の値段が、日本では七七〇円なのにシドニーでは二二〇〇円する」というプレゼンテーションでした。この差、わかります？　それだけ日本の物価が下がり、相対的にオーストラリアの物価が上がっているということなんです。

こうした実感は日本にいると感じることはありませんが、実感はなくても実質で見なければならないということです。

為替市場には直物取引と先物取引がある

伊藤　もう一つ、為替を見る時に重要なことがあります。それは、マーケットには「**直物**《じきもの》**取引**（Spot Exchange）」と「**先物取引**（Forward Exchange）」があるということ。この点にも意識を向けていただきたいのです。
これまで議論してきた為替レートは、直物取引を想定してお話ししてきましたが、現実の外国為替のマーケットでは、直物取引よりも先物取引のほうがはるかに多いのです。あるいは、直物取引と先物取引を合わせた、**スワップ型**の取引が圧倒的に多いのが現状です。

先物取引とは、いま円ドルを売り買いした取引が、一定期日後に決済されるという仕組みです。たとえば三カ月ものの先物取引であれば、いま結んだ契約の実際の円ドル交換は、現在取り決めたレートに基づいて三カ月後に行なうことになります。

たとえば、日本の自動車メーカーが、アメリカの自社関連のディーラーに車を売る（輸出）契約で考えてみましょう。そこから完成車を製造して、運搬して、六カ月後に現地に納品する。代金は一億ドルで契約を交わしたとします。

かりに、現在の為替レートが一ドル＝一一〇円だとして、六カ月後も同じ一ドル＝一一〇円だったら、この自動車メーカーは一一〇億円の収入を手にすることができます。しかし、契約の時点で、いまから六カ月後に為替レートが変化しないという保証はどこにもありません。六カ月後に、一ドル＝一〇〇円になってしまったら、どうなりますか。

生徒　その企業の、円での収入は一〇〇億円となり、契約時に想定していた一一〇億円から、一〇億円のマイナスとなってしまいます。

伊藤　その通りです。円高（ドル安）の方向に進めば、当然のことながら、同じ一億ドルでも、円に換算すると低い価格となります。これを「**為替差損**」と言います。

逆に、六カ月の間に、円安（ドル高）となって、一ドル＝一二〇円になれば、一〇億ドルの「**為替差益**」が生じることとなります。

生徒　輸出企業にとっては、それは大きなリスクですね。どちらの方向に行くかわからずに受注の契約を交わすのですから、まるで博打《ばくち》のようです。

伊藤　そのリスクを回避する一つの方法としては、輸出契約を結ぶ時点で、六カ月後に決済する為替レートを決めておくことができれば、都合がいいですよね。それが先物取引です。そして先ほども言ったように、現実には先物取引のほうが直物取引よりもはるかに多いということです。

航空会社にしても、ＪＡＬやＡＮＡが航空機のリース契約をして、リース会社に対してドル建てで半年後、一年後、二年後と、代金を払っていくという時に、その時々の為替レートで儲かったり大損をしたりというのでは非常にリスクがあるものですから、あらかじめ、先々の為替変動に対して手当てしておくということです。

具体的には、先ほどの自動車メーカーの例でいえば、一億ドルの輸出契約をした段階で、六カ月ものの先物市場で一億ドルを売っておくのです。仮に、六カ月後の先物レートが一ドル＝一二〇円だったとしたら、六カ月後に入る一億ドルの輸出による収入を、円換算で一二〇億円に確定できます。

生徒 ただ、その場合、先物レートの値段によっては、六カ月後の直物レートで計算した値段と違いが出てきてしまいませんか。

伊藤 まったく同じということはないでしょうが、若干の違いであれば、企業経営としては為替リスクをなくすことを優先して考えるわけです。このように輸出企業が為替リスクを避けるうえで、先物市場は大きな役割を担っており、現実に膨大な額の先物取引が行なわれているのです。

それから、いまのご質問への説明として、直物レートと先物レートの間には非常に厳密な関係があるという話をしておきましょう。

直物為替レートと先物為替レートはどう決まる？

伊藤 直物為替レートと先物為替レートという二つの相場が、どのような関係をもって決定されるかを説明する理論があるんです。「**金利平価説**」というものです。これは、為替の決定理論の一つで、現在の為替レートに対して将来の為替レートがどう動くかを考えるものです。

詳しくお話ししようとするとたくさんの数式を書かなければならないので、そこまで勉強したい方は経済学の教科書や参考書を見ていただくとして、ここでは直感的に理解してもらうことを目指して説明していきます。

為替リスクを回避するために先物市場があると言いましたが、為替リスクにさらされているのは、貿易を行なっている企業だけではありません。むしろ、海外に投資をしている投資家（保険会社や投資信託など）が直面しているリスクのほうが大きいといえます。皆さん、投資家になった気持ちで、一〇〇億円を一年間運用する場合を考えてみてください。

いま、国内での円の金利は二%、アメリカのドルの金利は四%だったとします。国内で運用すれば、一年後には一〇二億円になります。ドル金利のほうが有利なので、低金利の日本で運用するよりドルでの運用も魅力的です。いまの円ドルレート（直物レート）が一ドル＝一〇〇円であると仮定すれば、一〇〇億円をドルに転換し、一億ドルを運用すれば一年後には一・〇四億ドルの元利が得られることになります。ただし、ドルでの運用はこれを一年後に円に転換する際の直物レートが不明であるというリスクがあります。そんなリスクは背負いたくありません。そこで利用できるのが先物市場です。

ドルに転換し、ドルで運用を開始するいまの時点で、同時に一年先物相場で一・〇四億ドルのドル売り予約をしておくことができます。つまり、直物ドル買いと先物ドル売りを一緒に行ないます。これを外国為替のスワップ取引といいます。こうすれば、ドルで運用した場合も当初から確定利回りのリスクのない運用が可能となります。この場合、一年物先物レートがいまと同じ一ドル＝一〇〇円であれば、一〇四億円となって、国内での運用と比較すると日米の金利差二％分（二億円）がまるまる儲けとなります。

逆の見方をすると、一年先物レートがいくらまでなら、国内での運用よりも得することになるでしょうか。

生徒　それは、単純に計算すれば、一〇二億円を一〇四億円で割ると、〇・九八〇七……となるので、それに現在のレート一〇〇円を掛けた、一ドル＝九八・〇七円よりドル高であれば、国内で金利二％で運用するより得することになります。

伊藤　そういうことですね。こうした計算は誰でもできます。そしてこうした計算のもとで日々ものすごい勢いで取引が行なわれているのが外国為替市場なのです。

そうだとすると、いま、一年物の先物レートが一ドル＝九八・〇七円よりドル高であったら、どんなことが起こると思いますか。

生徒　投資を考えている人は皆、いまドルを買って、一年先物相場でドルを売るというドルでの運用に殺到するのではないでしょうか。安全で確実に、国内での運用より高利回りの運用ができるのですから。借金してでもそちらに投資する人も出てくると思います。

伊藤　そういう動きが結果として、直物レートや先物レートに影響を及ぼします。直物レートはドル高に向かい、先物レートはドル安に調整されるでしょう。仮に直物レートが一ドル＝一〇〇円のままだとすれば、一年物の先物相場は一ドル＝九八・〇七円近くになっていく。結果、円での運用もドルでの運用も、一〇二億円と同額になるはずである。これが、金利平価説の概要です。

それを式であらわしますと、図表8のようになります。

生徒　いま現在の日米の金利差は、一年後には為替相場の変動によってその分が回収されるということなのですね。

伊藤　この理論には非常に重要な意味があると思います。それは、グローバル化した国際経済では、国内でも海外でも資産運用（資金調達も同様）ができるけれども、先物予約やスワップ取引などで自国も相手国もリスクヘッジをかけているので、結局、ある時間軸のなかで見れば双方の収益は一致するはずだということです。

先ほどの例のように、ドルの金利が円の金利よりも高く金利収益が多い時には、その分、かならず為替相場はいまの直物相場より満期日の先物相場のほうがドル安になり、その間のドル運用によって、為替差損が生じるという原理が成り立ちます。

生徒　外国為替市場では、直物レートと先物レートは無関係に動いているわけではないということがよくわかりました。さまざまな調整がなされ、内外金利差の幅を平行に保つように動いていくというメカニズムが作用しているんですね。

図表8　金利平価説

円の金利－ドルの金利≒
（先物レート－直物レート）／直物レート

伊藤　少しだけ上級編の話をしますと、為替レート変動には、三つの大きな要因があります。

第一に、日米の金利差がどれくらいの期間続くのかということ、その予測によって影響を受けます。第二に、金利やマクロ指標による影響に加えそれらをどう解釈しどう行動するかという人々の思惑が大きく影響してきます。為替市場が「美人投票」だといわれる所以《ゆえん》です。そして第三に、日本の物価の動きがこれから五年後、一〇年後にどうなっていくかということの影響もあります。これら三つの要因が複合しているのです。

為替の動きと金利の間には密接な関係があることは説明してきましたが、現在の金利差がどこまで続くかが問題で、一〇年といった長い期間続くだろうと想定された場合、為替レートは一〇年分まとめてまず初めにボンと下がって、そこから徐々に金利差を反映した状態に変化していくことになります。また、物価の動きがこの先どうなっていくかも重要です。そう考えると、黒田東彦《はるひこ》日銀総裁が行なった金融緩和策は為替市場にも大きな影響を与える大胆な政策だったと言えるわけです。このテーマについてはまたいずれお話しする機会があると思いますので、今回はここまでとします。

第二講義——通貨制度から見るEUの未来

一　国際金融のトリレンマ

大きく揺れ動く通貨制度

伊藤　前回は国際収支と為替レートについて議論しました。日本経済を考える時、いまや海外との経済的結びつきを無視することはできません。国際収支や為替レートが一国の財政政策や金融政策などマクロ経済政策の運営において、いかに重大な影響を及ぼしているかということを、前回の講義でつかんでいただけたと思います。

今日のテーマは通貨制度です。通貨制度というとどういうものが思い浮かびますか。

生徒　固定相場制と変動相場制があります。かつては貨幣と金を一定の割合で交換することをベースとした金本位制という制度もありました。

伊藤　通貨制度には長い歴史がありますが、経済のグローバル化とともに通貨制度と一国のマクロ経済政策は密接な関係を持つようになりました。アメリカ、ヨーロッパ、アジアそれぞれに試行錯誤を繰り返しながら、いま通貨制度は大きく揺れ動いています。

まずは、通貨制度とマクロ経済政策を見ていくうえで最も重要な定理についてお話ししておきましょう。

皆さん、国際金融のトリレンマって聞いたことありますか。ジレンマは二つの選択肢があってこっちをとればあっちが成り立たず、あっちをとればこっちが成り立たないという状態ですね。トリレンマはその選択肢が三つになるわけで、三つのうち二つは（どの組み合わせであっても）同時に成り立つけれども残りの一つが成り立たない、つまり三つを同時に成り立たせることはできないという関係です。国際金融政策において、これから言う三つの政策が、実はこのトリレンマの関係にあって、同時に三つを実現することができないという定理があります。

①　為替レートを固定する

②　独自の財政金融政策を実行する

③　自由な貿易や投資を認める

この三つを同時に達成するのは不可能なんです。どういうことか、実際のケースに沿って説明していきましょう。

世界大恐慌、ブロック化、通貨切り下げ

伊藤　戦前の日本の話が一番わかりやすいと思います。一九二九年にニューヨークのウォール街で株の大暴落が起こりました。「暗黒の木曜日」です。大暴落による不況はたちまち世界中をのみこんで世界大恐慌を引き起こしました。ニューヨーク株式市場の株価指数、ダウ工業平均は、わずか三年ほどの間に三〇〇ドル台から五〇ドル近くまで下落しました。一九三〇年代のアメリカでは失業率が二五％、四人に一人が失業しているという大変な事態となります。もっとも最近はスペインの若年失業率六〇％といった数字を目にするので、二五％では驚くほどでもないと思うかもしれません。しかし、当時は大変なことでした。

世界的な恐慌のなかで、国際貿易は急速に縮小していきました。なぜ貿易が縮小したのでしょうか。その要因を説明できますか。

生徒　国内が不況となり、各国はこぞって関税を引き上げて輸入制限をしました。それによ

図表9　1929年1月〜33年3月における世界貿易の螺旋状の収縮
（75カ国の総輸入、月額、100万旧米金ドル）

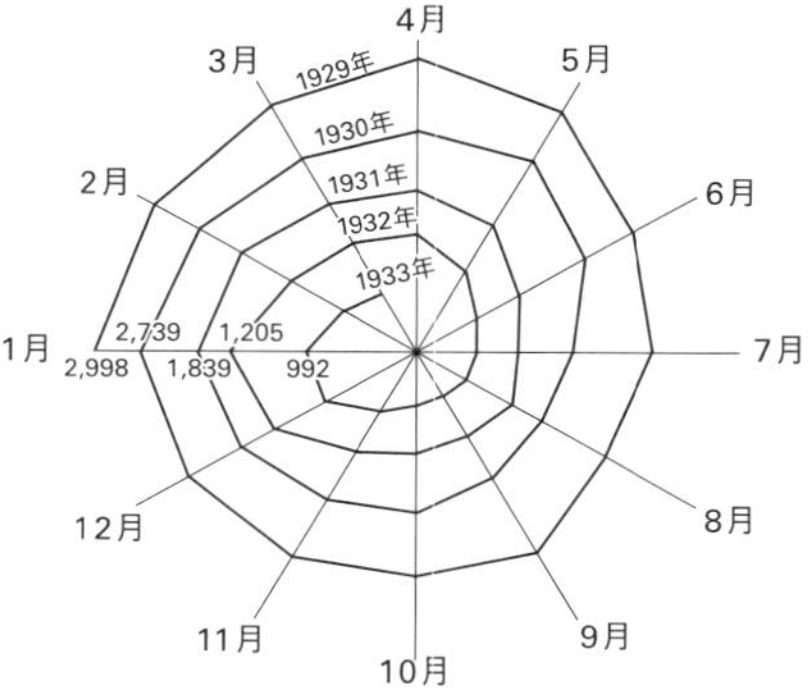

（出所）『大不況下の世界1929－1939』C. P.キンドルバーガー著。石崎昭彦・木村一朗訳（東京大学出版会、1982年）

り国際貿易が落ち込んでいきました。

伊藤　そうですね。不況が悪化しますと、国内産業は大きな打撃を受けるので、そこに安い輸入品が入ってきたらとても競争などできません。国内産業を保護するために、各国の政府は海外からの輸入を制限すべく高い関税をかける政策を実施していきました。アメリカをはじめイギリスやフランスなど欧州の国々も、次々と関税を引き上げて関税障壁を築いていったのです。いわゆる**経済のブロック化**ですね。これが貿易縮小の一つの要因です。

もう一つ、この時、各国政府が不況脱出のために行なった政策があります。それはこの時期に非常に特徴的なことでしたが、それによって貿易縮小にさらに拍車がかかりました。国内経済立て直しのために各国政府は何をしたでしょうか。

生徒　**通貨の切り下げ**です。

伊藤　切り下げることで、より少ない外貨としか交換できないように為替レートを変更すると、その国にとってどのようなメリットがあるでしょう。

生徒　自国の製品は海外の製品に比べて相対的に安価になりますから、輸出が伸びます。海外からのものは高い関税障壁を設けてシャットアウトして国内産業を保護しながら、いっぽうでは通貨切り下げで輸出を増やしていけば、国内経済を立て直すことができると、各国ともに考えたのだと思います。

伊藤　そうですね。先ほどこの時期に特徴的と言いましたが、当時の通貨制度は**金本位制**で、現在とは異なる特殊な固定為替政策がとられていました。金本位制とは、金と通貨の間の交換比率を一定にするように政府がコミットするというものです。恐慌前まではこの体制が維持されていました。しかし、恐慌の影響で各国ともこの体制を継続するのが困難となり、金本位制から次々と離脱していきます。金本位制を放棄すれば、自国の通貨と金の交換比率は自由に変えられるようになりますからね。結果として多くの政府が次々と自国通貨を切り下げていったのです。おっしゃるように、通貨を切り下げれば、自国の商品を海外で安く売れるようになり、逆に海外の商品は自国で値段が高くなるので、輸出が伸びて輸入が抑えられる。そうやって、自国の経済的困難を何とかしのごうとしたのです。

一九三一年、まずイギリスが金本位制を離脱して大幅なポンド切り下げを行ないました。その年、日本も離脱して、円の対ドルレートを切り下げました。

近隣窮乏化政策の教訓と戦後のブレトン・ウッズ体制

伊藤　各国がこぞって経済のブロック化や通貨切り下げを行なうと、どういうことが起こるでしょうか。

生徒　自国の通貨を切り下げるということは、結果として他の国の通貨が切り上がることになります。貿易で考えれば、自分の国は輸出が伸びていいかもしれませんが、相手国にとっては輸出が落ち込むことになり被害が及ぶと思います。

伊藤　その通りで、経済のブロック化や通貨切り下げというのは元来、相手に被害を及ぼして自分は得をするという政策なんですね。ですからこのような政策を経済学の世界では「**近**

隣窮乏化政策」と呼びます。

この言葉はもともとジョン・ロビンソンという経済学者が、「beggar-thy-neighbor policy」と言ったことからきているのですが、この言葉の本当の意味はトランプのゲームの名前なんですね。五二枚の札を均等に配ってお互いに手札を出し合い、強いカードを出した人が他の人の札をすべて取っていくというルールで、誰かの札がなくなったら終了。札を一番多く取った人が勝ちという単純なゲームです。当時の世界経済の状況をそのゲームになぞらえたらしいのですが、日本語に訳す時に「近隣窮乏化政策」と直訳してしまい、そのまま使っているのです。

関税の引き上げも通貨の切り下げも、多くの国が連鎖して行なえば、結局は互いに不況を押しつけ合うことになりますね。結果、世界経済はどんどん悪くなっていきました。日本もドイツも社会的な混乱を招きました。そうして時代は第二次世界大戦へと突き進んでいったんです。

大戦末期の一九四四年七月、アメリカのニューハンプシャー州ブレトン・ウッズにあるホテルに、連合国の代表が集まって戦後秩序をどうするかという議論が行なわれました。この時のイギリス代表がケインズで、アメリカ代表がホワイトでした。ケインズ案とホワイト案をめぐって議論が戦わされたわけです。

そこでできあがったのが**「国際通貨基金」**（ＩＭＦ）です。ＩＭＦはワシントンに本部を置き一九四七年から業務を開始するのですが、このＩＭＦを中心に運営される国際通貨体制を**「ブレトン・ウッズ体制」**と呼びます。

この制度の基本は固定相場制です。そして、運営の中心はやはりアメリカなんですね。アメリカの通貨であるドルが基軸通貨としての役割を果たす。アメリカ政府は金一オンスと三五ドルを交換する義務を負う。これに対して、その他の国は、自国の通貨とドルの交換比率つまり為替レートを固定する義務を負う。日本の円であれば、一ドル＝三六〇円でドルと交換する。こうして各国の通貨とドルの為替レートを固定することで、戦前に起こったような為替の切り下げ競争が再び起きることを回避しようとしたのです。

このような固定相場制が戦後システムとしてうまくいった背景には、いくつかの要因が考えられます。第一に、多くの国にとって貿易や国際投資は自由ではなかったという点です。貿易や投資が活発でなければ、政府も為替レートを固定するのにさほど苦労はいりません。なぜかというと、為替レートは外国為替市場で決まりますので、自由に為替取引が行なわれるとレートは変動して一ドル＝三六〇円を維持するのは困難です。為替取引は、貿易や海外投資によってその需給が発生します。海外と物やサービスを売買することで、円からドルへ、ドルから円へ、その他の通貨へといった取引が発生しますよね。その大本の貿易が、戦後すぐには為替制限のもとで厳しく規制されていたので、為替レートを大きく動かすような市場での取引はありませんでした。まあ、ある意味では計画経済だったということです。

さてここで、冒頭で述べた国際金融のトリレンマを思い出してください。

①　為替レートを固定する
②　独自の財政金融政策を実行する
③　自由な貿易や投資を認める

この三つは同時に実現することができないという定理です。どうでしょうか。戦後の日本の状況をこの定理に沿って説明すると、①の固定相場制と②の独自の財政金融政策を維持するために、③の自由な貿易や投資は犠牲にしているということになります。言い方を換えれば、③を認めないという条件のもとで、①と②が実現していることになります。

生徒　なるほど、当時の状況としては③は現在のように自由に行なえる状況ではなかったために、①ができて、かつ②も遂行できたということですね。

伊藤　実際、戦後初期には日本の経済活動はさまざまな規制で縛られていました。戦後復興のなかで、日本企業がものすごい苦労をしながら成長していったストーリーがいまも語り継がれていますよね。

なにしろ日本は外貨準備が乏しかったので、すべての品目別に外貨が割り当てられていました。ソニーの創始者の一人、盛田昭夫さんが著書のなかで当時のことを回想していましたが、一九五三年にソニー（当時はまだ東京通信工業という社名だった）がアメリカのウェスティングハウス社のトランジスタの特許を買おうとして、ドルでの送金の申請を当時の通産省に出したところ、許可が下りるまで半年もかかって大いに困ったそうです。

政府としては、優先順位のトップは石油、鉄鉱石、石炭などの資源で、次に日本の産業発展に必要な大型機械、それも当時日本を代表する産業であった造船などへの対応が優先されました。いまでこそ世界のソニーですが、当時の東京通信工業はまだ町工場のような存在でしたから、どんどん後回しにされてしまったのでしょう。

日本経済の自由化と変動相場制への移行

生徒　しかし、ＩＭＦは固定相場制で戦後の国際金融の安定を目指すいっぽうで、その基本理念は貿易の振興であり為替の自由な取引だったのではないでしょうか。
伊藤　その通りです。ですから、日本も一九五二年にＩＭＦと世界銀行に加盟し、五五年にはＧＡＴＴに加盟します。ＧＡＴＴについては第一講義でお話ししました。これらの国際機関へ加盟するにあたって、日本もいずれ為替や貿易の制限を撤廃して経済の自由化を行なっていく必要がありました。

一九五〇年代から六〇年代にかけて、日本は高度経済成長を果たします。そのなかで、貿易の自由化が進んでいきました。六〇年代後半になると、日本の輸出力がどんどん強くなる一方、アメリカはベトナム戦争で疲弊し財政状態が非常に悪くなり、インフレ傾向が進むという困った状況となります。
前回の講義で為替レートのメカニズムを勉強しましたので、ちょっとおさらいしましょう。一ドル＝三六〇円で為替が固定されている状態で、アメリカがインフレになると、どういうことが起きますか。

生徒　実質実効レートが、ドル安になります。そうしてアメリカの競争力が弱くなります。

伊藤　そうですね。そもそも高度経済成長で競争力を増している日本が、アメリカの競争力弱化で相対的にさらに強くなっていきます。そうなると、一ドル＝三六〇円の為替レートを維持するのがだんだん辛くなってくる。

日本では輸出がどんどん増えて、輸出して入ってくるドルを円に替える、つまりドル売り円買いの需要が高まります。一方輸入はそれほど増えないとなると、為替は円高に動いていきますね。一ドル＝三六〇円から、三五五円、三五〇円、三四五円……と、マーケットでは円高ドル安の方向に振れていきます。しかしながら、日本は固定相場制のもとで一ドル＝三六〇円プラスマイナス一％でコミットしますから、何とかそのレートをもたせなければなりません。さあ、どうしたらいいでしょうか。

生徒　ドルを買い支えるための市場介入をするしかないのではないでしょうか。

伊藤　そうです、もはや戦後初期の頃のように貿易や投資を制限したり規制するわけにはいきません。できることはドルが安くならないように**ドル買い介入**をするしかありません。ドルが安くなりそうになったら、マーケットへ行ってドルを大量に買うわけです。これを繰り返すなかで、日本には膨大な外貨資産が蓄積されていきました。数年前までの中国と同じです。

さてここで、再度、為替レートに関するトリレンマを思い出してください。次の三つは同時に実現しないという定理です。

① 為替レートを固定する
② 独自の財政金融政策を実行する
③ 自由な貿易や投資を認める

戦後初期には、③を犠牲にして①と②を取りましたね。

それから時代が進み、日本経済の成長とともに③の自由な貿易や投資を認めないわけにはいかなくなりました。すると、放っておくとどんどん円高になってしまう。しかし、①の固定相場制のルールには従わなくてはならない。仕方ないので政府がマーケットでドル買い介入をしてドルを買い支えるという為替介入政策を実施します。それによって何とか固定相場を守るということです。

ここで何が起こっているかわかりますか。非常に大事なポイントなのでよく考えていただきたいのですが、政府が固定相場を維持するためにドル買いの介入をするということは、結果的に日本政府は**マクロ経済政策**（**財政政策と金融政策**）**の自律性**を失っていることになります。つまり①と③を成り立たせるために②を犠牲にせざるを得なくなった。これが、一九六〇年代後半に日本が置かれた状況でした。

生徒　マクロ経済政策の自律性を失うというのは、具体的にはどういうことでしょうか。

伊藤　政府がドル買い介入をしますね。そうすると、ドルを買うために使った分だけ円がマーケットに出ていくことになります。大量のドルを買った結果、マーケットには大量の円が出回ることになります。これは結局、日銀が金融緩和していることと同じことですよね。そういうことを、固定相場制を維持するためにやったわけですから、自律的な金融政策とはいえないということです。

このように、貿易自由化、資本自由化を推し進めながら、一方で為替を固定するには、マクロ経済政策の自律性を失わざるを得ないのですが、こうした状態はいつまでも続くとは思えません。どこかで耐えられなくなりますよね。その時がきたのが一九七一年、**ニクソン・ショック**です。

その年の夏、ニクソン政権は新経済政策を発表して、アメリカによる金とドルの交換を停止することを一方的に宣言しました。もうこれ以上、金一オンスを三五ドルで買うのは無理だというのです。この宣言の裏側にあるのは、ＩＭＦを中心とするブレトン・ウッズ体制＝固定相場制をアメリカが守っていくことはもう無理、ということです。

そこで先進一〇カ国が集まって議論して、了承することになり、ブレトン・ウッズ体制は幕を下ろします。しかしいきなり変動相場制に移行するのもこれまた無理な話なので、一旦各国の通貨を切り上げてその場をしのごうということになったんですね。この会議はワシントンのスミソニアン博物館で開かれたので、新体制は**スミソニアン体制**と呼ばれました。日本の円は、一ドル＝三六〇円から三〇八円に切り上がりました。

しかし、スミソニアン体制は長くは続きませんでした。一九七二年にはポンド危機、七三年に入るとドル不安など、通貨不安が次々と起こって、もはや固定相場制を維持するのは誰の目にも不可能となりました。結局、七三年に主要先進国はいやおうなしに変動相場制への移行に踏み切ることになりました。トリレンマでいえば、②のマクロ経済政策の自律性と③の自由な貿易と投資を取って、①の固定相場制を捨てたということです。

二　発展途上国と固定相場制

なぜ途上国は固定相場制を採用するのか

伊藤　ここまでは先進国の話でした。では、発展途上国はどうでしょうか。
生徒　固定相場制を採用している国が多いです。
伊藤　途上国や新興国は固定相場制を取らざるを得ないのです。変動相場制に移行するには、ものすごく難しい問題に直面してしまいます。なぜだかわかりますか。
　答えを言ってしまうと、先進国のプレーヤーが中心となるマーケットから見ると、途上国のマクロ経済政策はとてもじゃないが信用できない、というのが理由です。すべての途上国がそうとは言いませんが、財政支出をカバーするために紙幣をどんどん刷ってしまうような国がいまだに多いですね。そんなことをしたら為替は乱高下するばかりで、まともに貿易も投資もできません。

途上国にとって、先進国中心のマーケットで信用してもらうには、為替を固定相場制にして貨幣を勝手に増やしたりできないようにする以外ないのです。固定相場制にコミットするということが、自国の金融政策の安定化へのコミットメントとして最もわかりやすいロジックであるということです。ですから先ほども言ったように、途上国も新興国も固定相場制を取らざるを得ないわけです。一九九七年のアジア通貨危機以前は、タイも、韓国も、マレーシアも、シンガポールも、香港も、インドネシアも、フィリピンも、みなきわめて厳格な固定相場制を採用していました。そうして信用を得てはじめて、グローバル経済のなかで生き残っていく術を身につけられるのです。

しかし、戦後のブレトン・ウッズ体制のところでもお話ししましたが、固定相場制を維持するのはなかなか大変なことですよね。中国をみてもわかりますし、韓国なども為替を安定的に固定させるためにかなりいろいろなことをやっています。彼らにとっては固定相場制は必要なことである反面、固定相場制の持つマイナス面が厄介な問題を引き起こすことにもなるのです。

タイバーツ暴落の舞台裏

伊藤　一九九七年、タイで何が起きたのかを思い出してみましょう。

一九八〇年代終わり頃から九〇年代にかけて、タイは急成長を遂げました。九〇年代前半は、中国よりもタイの高い成長率のほうが注目されていたくらいです。タイは何をしたかというと、簡単に言えば、どんどん自由化をしてマーケットをオープンにしていきました。タイで加工して輸出する製品の原材料を自由に入れるなど、貿易の自由化を進めるなかで、とくに資本の自由化を強力に推し進めました。外からどんどんお金を入れて、国内での投資に回すということをやったのです。

彼らにとって固定相場制はたいへん重要な要件でした。なぜ重要かというと、先ほどから言っているようにタイのマクロ経済政策の安定性にコミットメントしていることでマーケットからの信用を得られるという点が一つにはあります。そうした対外的な意味に加えて、もう一つの重要な面は、タイの人にとっても固定相場制であることによって、安定的に資金を借りることができたんです。外からドル資金を入れて、バーツに替えて国内で運用して儲けが出たらドルに戻して返済する、この間に為替の変動はないので安定的に運用を繰り返すことができました。それでどんどん海外からの資金が入ってきたのです。

ところが、実はいくつか問題もあったんです。最大の問題は、この時タイに入った資金のほとんどが短期資金だったということです。短期資金というのは、三カ月くらいの周期で回す融資で、三カ月後には返済しなければならないのですが、それをロールオーバーしてつないでいくこともできる。三カ月の短期資金でも一〇回回せば三〇カ月という長期にわたって資金調達が可能となります。その資金を回す担い手が、ファイナンスカンパニーといわれるノンバンクの金融会社でした。多くは財閥や政治家の子弟で、タイの政治経済に影響力のある人の血縁であるとか仲間であるということで、本人が直接海外から資金を得て、国内で旺盛な投資を行なっていたのです。彼らはドル資金をバーツに替えて、タイ国内のマンションやオフィスビルなどの不動産、あるいは自動車のオートローンなどにも投資していました。これによってタイの経済は大きく成長します。

生徒　海外の投資家から見れば、当時、タイは急成長していたので、それなりに高いレートで運用できたということですね。

伊藤　魅力的なマーケットだったと思いますよ、好循環で回っているうちはね。

というのも、タイにおける投資熱に対して警鐘を鳴らす人もたくさんいたんです。「**クローニー・エコノミー**」という言葉、聞いたことないでしょうか。当時のタイの経済はこう呼ばれていました。

クローニーというのは、縁故とか親族とか仲間、取り巻きといった意味です。実際にアメリカや日本から大量の資金を調達していたのは、たとえば首相の弟とか、私が知り合った人も王族の歯医者さんの弟とか、そんな人たちでした。こうした状況を警戒する人たちは、「タイ経済は縁故経済だから気をつけよ」と言っていたのです。

成長を続けているかぎりにおいては問題なかったんですよ。でも、やはりその時が来たんですね。あるきっかけで、それまでの好循環がひっくり返るということが起こりました。きっかけが何であったかはいろいろな説があります。先進国側で資金の流れが変わるような金融政策の転換があったともいわれますし、中国での人民元の切り下げが影響したという説もあるのですが、いずれにせよグローバルマネーが行き過ぎたタイのファイナンスカンパニーに、ちょっとだけ不安を感じるようになった。不安を感じたら、もうここでやめよう、一旦返済してもらおう、ということになりますよね。

先ほど言ったように、外貨建て融資はみな短期資金でしたから、三カ月の満期が来たら返済してほしいと海外の投資家から言われます。タイ側にとってこれは大変なことです。少しだけなら他からドルを借りて返済に回せばなんとかなりますが、融資額が大きくなってくると、それを返済するには資産を売却しなければなりません。売却するといっても、不動産投資は長期投資ですから、突然売って現金にしようとしたら価値は大きく下がってしまいます。

タイ国内にそうした混乱が出ていることに気づいた投機家たちは、いよいよ危険だということで、みなが一斉にバーツから逃げようとしました。ここで、タイは、固定相場制の恐ろしさをとことん味わうことになるのです。

バーツへの投資が引き上げられる動きを放っておけばバーツが下がってしまいます。バーツはドルに替えられて返済されるのですから、マーケットにはバーツがどんどん流出します。その流出に見合った金額だけ、タイの中央銀行は介入を始めます。手持ちのドルは大量にあるのですから、最初のうちはタイ政府も何の危機意識もなくドル売りバーツ買いで介入していました。一億ドルがタイからネットで出ていけば、その一億ドル分を政府は外貨準備を放出してバーツを買い取る。そうすれば為替市場での需給バランスは崩れませんから固定相場制は維持できます。こうしてタイ政府あるいは中央銀行はドル売りバーツ買いをしていきました。

生徒　固定相場制であるかぎり、タイ政府は最後までバーツを買い支えなければなりませんね。それができなくなった時、まさに破綻するということですね。

伊藤　それが非常に重要なところです。固定相場制の一番怖いところです。

　おっしゃるように、この状態ではタイ政府、中央銀行ががんばって一時的な資金流出をなんとかしのいで為替を固定できるか、さもなければこの勝負に負けてバーツが暴落するか、もうそのどちらかしかありません。この局面でバーツが切り上げられることは一〇〇%あり得ないです。ということは、投機家から見るとどうでしょうか。

生徒　絶対に損をしない投機ができる。

伊藤　投機家にとってこんなに都合のいいことはありません。とにかくバーツを売ればいい。売りポジション（「将来的に値下がりする・下落する」と判断した投資対象を売って、値下がりした時点で買い戻して決済する投資手法）を取っておけば、予想通りバーツが暴落した時には大儲けできますし、仮にタイ政府ががんばって固定相場制を守ったとしても損はしません。

　そうしてタイ中央銀行だけがただ一人、バーツを買い支えようと抵抗しましたが、所詮限界があります。ついに外貨準備が底を突き、バーツは大暴落してタイ経済はあっという間に破綻してしまいました。企業の倒産、リストラが相次ぎ、失業者が街に溢《あふ》れました。

当時の結果を見て、あれはヘッジファンドが仕掛けたのではないかと、後になって議論されたりもしました。しかし、実際にバーツ売りが起こって以降、一番この流れに乗ったのはタイ国内の普通の人たちでした。タイの輸出業者たちは、バーツの下落を見込んで、輸出の代金として受け取ったドルをできるだけ遅くバーツに替えて、より多くのバーツを手に入れようとしましたし、他方輸入業者たちはできるだけ早くバーツをドルに替えて代金を払ってしまうという行動に出ました。こうしてとにかくマーケットではバーツをドルに替えたい人ばかりになってしまい、破綻へのスピードが加速したのです。

それにしても皮肉だと思いませんか。タイにとっては固定相場制を採用したからこそバーツの安定性をグローバルマーケットに対して示せたのであり、そのおかげで自国経済も大きく成長したのだけれど、その好循環が一瞬止まって逆に回り始めるとそこからの悪循環をもう誰も止めることはできず、あとは破綻を待つしかないということですよね。

では固定相場制をやめればいいのかというと、途上国や新興国にとってそれも容易なことではありません。きわめて難しい問題を、為替システムは孕《はら》んでいるのです。

ＩＭＦコンディショナリティの功罪

生徒　このような通貨危機に際して、ＩＭＦは何かアクションを起こさないのでしょうか。

伊藤　そういう疑問は湧きますね。

ちなみに韓国でもタイと同じようなことが起こって、韓国の場合は、投資の担い手は財閥でした。財閥が大量のドル資金や円資金を集めて国内に投資していました。しかもそれらの資金の多くは、タイと同様に足の速い短期資金だったんです。結局、タイと同じ状況に陥り、ウォンが暴落して財閥のバランスシートは崩れて、ご存知のように十大財閥のうち五つが破綻してしまいました。

私はちょうどその大変な時期に、韓国政府に招待されて講演に行ったんです。私の教え子が韓国政府の役人になっていたので、講演が終わった後に彼と飲みに行きました。先方としては高い料亭を準備してくれていたらしいのですが、そういうところは嫌なので普通の飲み屋に行こうと言って、東京でいうと上野あたりにあるような庶民の飲み屋に行きました。がやがやとしたなかで飲んでいると、周りの人たちが「ＩＭＦ……、ＩＭＦ……」と話しているのが聞こえるんです。韓国の人は教養があって、こういう飲み屋に来るおじさんたちもIMFの話題で盛り上がっているんだ、すごいなあと、教え子に言いました。すると、「いや、違うんです。IMFという言葉は、韓国では『不況』という意味で使われているんです」という。

なぜIMF＝不況なのかと聞いたところ、韓国やタイのようにきびしい危機に見舞われた国にとって、最後の助け手はIMFだと。事実、IMFは、資本流出でショートした資金を補って、機能しなくなった国際金融取引を回復させるようはからってくれているのだが、そうした援助を受ける条件として、韓国の経済政策に対して非常にきびしい注文をつけてくる。その要求に従うことによって不況がさらに深刻化している。それで、人々が不況のことをIMFと言うようになったのだと教えてくれました。

生徒　IMFが資金供与のために突きつけてくるきびしい条件のことは、以前の講義（『日本経済を「見通す」力』収録）でもやりました。「**IMFコンディショナリティ**」ですね。

伊藤　はい、その中身はけっこうきついものがあります。

まず、為替のさらなる切り下げを防ぐために金融引き締めをして金利を上げること。

それから、財政を健全化するために財政支出を切り詰めること。

そして韓国やタイで問題となったクローニー・エコノミーの構造を是正すること。これらをきちんと実行するという条件を満たさなければ、救済はしないというんです。これはアジア諸国の経済の構造的な問題を是正するにはたしかに重要なことだと思います。ただ、通貨危機で瀕死の状態にあるタイや韓国にとって、相当きびしい条件ですよね。

ちょっと変なたとえですけど、長年の不摂生で酒もたばこもやめられずカロリーオーバーの食事をずっと続けて、心筋梗塞になって倒れかかっている人に、不摂生をやめてすぐに運動場を三周走ってきなさいと命じるようなものです。そんなことしたら死んでしまいますよね。まずはちょっと安静にして体力の回復を待って、それからきびしい治療に入る——そんな余裕は一切認めてはくれません。人間は死ぬけれども国は死なない、ということでしょうか。結果、韓国では通貨危機からの回復の過程で庶民の生活は悲惨な状態となり、財閥も半数が潰れるというように辛酸をなめることとなりました。

生徒　ＩＭＦというのは、そもそもは戦後の国際経済の立て直しのために先進国が集まって議論をして、通貨安定のために固定相場制を守ることを目的に作られた基金であり制度ですよね。しかし当の先進国はみな変動相場制に移行してしまって、固定相場制を守るためというＩＭＦの意義は一旦失われてしまったように思います。そのＩＭＦがアジア諸国に対してそうした政策で乗り込むようになったのは、どういった経緯からなのでしょうか。

伊藤　ＩＭＦは、言ってみれば先進国が自分たちのお金を持ち寄って、自分たちの通貨安定＝固定相場制の維持のために作った制度でした。ニクソン・ショック以降先進国は次々と変動相場制へと移行したのですから、その時点で当初の主旨は完全に崩れたことになります。

ところが、やっぱり官僚組織ですからね、一旦できたものは絶対に潰さないんです。さまざまな経緯があったかとは思うのですが、いつのまにか先進国のお金を使って途上国や新興国の通貨安定のために機能する組織へと変身をとげたのです。そこで重要になるのがＩＭＦコンディショナリティなんですね。

途上国や新興国の通貨安定のために、という大義名分はよいのですが、先進国が出し合っているお金をいい加減に使うなんて許されません。単なる支援機関ではないというところをきっちり示さなければならない。そこで、ＩＭＦが途上国や新興国に資金供与をする場合には、きびしい条件をつけてその条件をきちんと実行しているかを監視する方針が定められたのです。経済的に破綻をきたすような国の中には、怖いお目付け役がいないと政策を改めないところもありますからね。ギリシャなどへの援助にも、ＩＭＦとしても確固たる姿勢で臨まなければ改革が進まないといった事情もあったのだと思います。

そうした方針がアジアの通貨危機に対しても適用されて、タイ、韓国、インドネシアでは危機をさらに煽《あお》るような事態となりＩＭＦコンディショナリティへの批判も高まったのです。

生徒　ヨーロッパのギリシャやスペイン、イタリアと、アジア諸国では危機のあり方にも違いがあるということでしょうか。

伊藤　通貨安定の仕組みをどのように構築するかという問題ですよね。どこも同じようにはいかないという面はあると思います。日本の国内にも、アジア諸国にはＩＭＦとは一線を画した形での、アジア独自の通貨安定の仕組み作りが必要であると考える専門家も少なくありません。

そんななか日本政府は、**ＡＭＦ構想**というのを考え出して提案したんです。ＡＭＦとはAsian Monetary Fund の略で、国際通貨基金ならぬアジア通貨基金です。ＩＭＦコンディショナリティよりもう少しマイルドな方法で、アジアの国が相互に資金を融通し合おうという内容には、私も賛同していました。結局この構想は、ＩＭＦの弱化を警戒するアメリカの反対と、日本が中心となることに反発する中国の消極的な態度によって実現しませんでしたが、アジア独自の通貨安定の仕組みを構築したいという思いは、日本も含めてこの地域のリーダーや専門家の間ではずっと共有されているのです。

アジア通貨危機は二〇年も前に起こったことですが、この一連の話は、為替を固定する固定相場制の意義と、その裏にある怖さを知るうえでとてもいい教材になりますね。

為替レートをめぐるトリレンマの定理に照らせば、為替を固定したまま、自由な貿易や海外投資を拡大させようとすれば、国内で独自の財政金融政策を行なうことをあきらめなければなりません。マクロ政策の自律性を持っていないということは、足をすくわれればその後のコントロールが効かなくなるという大きなリスクを背負うことでもあります。

かといって、経済のグローバル化がますます進展する世界では、もはや貿易や投資を制限して経済発展に歯止めをかけるのは非現実的です。この前提に立てば、マクロ政策の自律性を取れば、為替の変動を受け入れざるを得ないし、逆に為替の固定を取れば、独自のマクロ政策を放棄せざるを得なくなる――そのどちらかを選択することになります。

その意味でユーロは、後者の道をヨーロッパの各国が選択したことになります。

これはなかなかすごい決断ですよね。独自のマクロ政策の運営をあきらめて、それによって為替レートの固定を確保するという選択をしたわけです。

ユーロの壮大な実験についてこれから見ていきましょう。

三　ユーロの導入

欧州経済統合の歴史を振り返る

伊藤　ユーロの通貨統合の話をする前に、少しだけ**欧州経済統合**を概観しておきましょう。

皆さんご存知と思いますが、欧州経済統合というのは、三度のドイツとフランスの戦争への反省から、両国間でもう二度と戦争を起こさないという決意のもとにできたものです。欧州の中心国である両国は、資源や領土をめぐって争い続けてきた歴史があります。もうこれ以上、戦争による悲惨な状況を繰り返してはならないと、欧州の経済社会政治の一体化を進めていくことによって、平和を構築しようという高い理想を掲げてスタートしました。

最初に行なったことは、一九五二年に**欧州石炭鉄鋼共同体**（ＥＣＳＣ）という国際機関を設立して、ドイツとフランスの国境にある石炭と鉄鋼を、調印国で共同管理しましょうという取り決めです。この共同体が、その後の**欧州経済共同体**（ＥＥＣ：一九五八年設立）、**欧州共**

同体（ＥＣ：一九九三年改称）といった関税同盟へと発展し、欧州経済統合の基盤となっていくんです。

　第一講義でＴＰＰに関連してお話ししましたが、関税同盟とは領域内の関税を撤廃して一つの経済圏にすると同時に、域外との関税率も共通にする経済統合の形です。これは先行事例があって、第二次世界大戦後の一九四八年にベネルクス三国（ベルギー、ルクセンブルク、オランダ）が、**ベネルクス関税同盟**を発足させています。これがＥＥＣのモデルであったわけです。

　欧州統合に関しては、戦前からさまざまな議論がありました。統合を目指すとしても、どのような方法がよいかということです。

　第一の方法として、まずは小さな貿易自由化を行ない、貿易自由化を徐々に拡大していきながら、人の移動を自由にし、さらに投資を自由化して制度を統一化し、最後に通貨を統一して経済統合をするという漸進的なアプローチが考えられますね。

図表10　EU地域統合の歩み

1950年	ロベール・シューマン仏外相が独・仏の石炭・鋼鉄産業の共同管理を提唱（シューマン宣言）
1952年	欧州石炭鉄鋼共同体（ECSC）設立
1958年	欧州経済共同体（EEC）、欧州原子力共同体（EURATOM）設立（ローマ条約発効）
1967年	ECSC、EEC、EURATOMの主要機関を統合。3共同体の総称は欧州共同体（ECs）
1968年	関税同盟完成
1993年	単一市場始動 マーストリヒト条約発効によりEU創設
1999年	統一通貨「ユーロ」導入 （2002年流通開始）
2009年	リスボン条約発効

（出所）外務省

一方で、第二の方法としては、最初にいきなり共通通貨に移行して、そのショックを利用して経済活動を次々と統合していくアプローチも考えられます。

どちらがいいのか議論されたのですが、結論から言えば、前者の徐々に統合していくアプローチをとったわけです。

生徒　相当の紆余曲折がありましたね。

伊藤　歴史的な話をしますと、一九五八年にEECが発足して六〇年代には関税同盟のもとで域内の貿易の自由化が徐々に進んでいきました。そして七〇年代半ばから欧州は次のステップに向かいます。次のステップというのは、固定相場制なんですね。

生徒　世界の動きとしては、一九七一年にブレトン・ウッズ体制が崩壊して、ヨーロッパの国々も固定相場制から離脱して変動相場制へと移行したのではなかったでしょうか。

伊藤　そうですね、でもヨーロッパでは統合化への動きは続いていましたので、ブレトン・ウッズ体制崩壊後の一九七二年には、域内では為替相場の変動幅を二・二五％以内にして相場の安定を維持しようということで合意、事実上の為替の固定化を行なっています。これが欧州通貨制度（一九七九〜九九年）に引き継がれていって、一〇年ほどの間で一〇段階の為替の調整が行なわれたんです。しかし、うまくいきませんでした。

ブレトン・ウッズ体制崩壊やその後のオイルショックの影響もあって、各国の経済政策はそうそう簡単に足並みそろえてということにはなりません。統合の精神も大事ですが、経済力の弱かったフランス、イギリス、イタリアなどの国は、自国の経済成長を優先させる政策に出てばらばらな状態となり、ヨーロッパ経済は停滞しました。

やはり、為替を固定して、独自のマクロ政策を行ない、さらに活発な貿易や投資を行なう、という三つは同時に実現できないんですね。

固定相場制ただ乗り論

伊藤　ところが、なぜか一九八〇年代中頃から、しだいに統合が進んでいきました。為替の固定化で苦しんでいた状態から、むしろ為替を固定することによるメリットを、経済の弱い国々が享受するようになったとでもいうんでしょうか、いずれにしても統合が一気に前進しました。

どういうことが起こったかといいますと、ドイツはご存知の通り非常に手堅い金融政策をとっていて、インフレに対する警戒はもとより、財政も基本的に健全な運営が行なわれています。現在、ドイツは財政黒字なんですね。それに対してフランスやイタリアはどちらかというと野放図で、インフレ率も高く、財政赤字も結構あるわけです。そのため統合は難しかったのですが、為替を固定することによって、ドイツの堅実な政策がフランスやイタリアを縛る結果となり、この効果が徐々にあらわれてきたのです。

生徒　フランスやイタリアが、ドイツの影響で堅実になったということでしょうか。

伊藤　そういうことです。フランスやイタリアが野放図だったといっても、政治家や中央銀行の総裁が好き勝手をやって財政赤字を出したり、好んでインフレ的な政策を行なっているわけではありません。これは日本も同じです。言ってみれば政治家の背後にはさまざまな利害関係者のプレッシャーが存在し、政治がそれらを抑え込むことができず、結果的にインフレになったり財政赤字を積み上げることになっているのです。この点でドイツは非常に強固な政治を行なっているわけですね。

そのドイツと通貨において固定的な関係を継続しているうちに、フランスやイタリアもドイツと同じような強固な金融財政政策を実行できるようになったということです。フランスやイタリアの政府としては、「欧州統合のための固定相場制を守る」という錦の御旗のもと、さまざまな利害関係者からの圧力をかわすことができるようになった。結果、インフレ率が落ちてきて、財政赤字もそれなりに抑えられてきたということです。ドイツの影響力が結果として、他の国のマクロ政策の安定化に貢献したということです。

こうした状態を為替レートに関するトリレンマの視点から説明するとどうなるでしょう、わかりますか。

生徒　為替の固定によって、各国のマクロ政策の自由度が制限されて、より手堅い政策を実行できる体制ができてきたということでしょうか。自由な貿易や投資をするというのはそもそもの前提ですので。そして各国政府が独自のマクロ政策を放棄することで、統合が進んだということですね。

伊藤　当時、フランスやイタリアに対して「固定相場制ただ乗り論」が言われたりしました。為替を固定していたら、財政状態が改善しちゃったということです。

こうした経緯を経て一九九九年、共通通貨ユーロが導入されたのです。共通通貨ですから、これはもう域内における完全な為替の固定化を意味します。画期的なことですね。

一九九〇年に東西ドイツが統一をして、フランスなどは統一ドイツが強大になりヨーロッパでの影響力を増すことに不安や懸念を抱いていたはずです。そうならないために、より強固な経済統合を実現して統一ドイツをも取り込もうと考えたのかもしれません。ドイツからすれば、痛くもない腹を探られるより、通貨統合、経済統合に協力することを選んだという面もあるでしょう。

いずれにせよユーロ導入とともにイギリスなど一部の国を除いたEUのメンバー国は、各国独自の通貨を放棄したことになります。そしてフランクフルトにある**欧州中央銀行**（ECB）に金融政策をゆだねることになりました。私は数年前にポルトガルに行き、ポルトガル中央銀行の総裁と食事をしたんですが、ポルトガル中央銀行は地元の経済をしっかり調査する重要な仕事をしていると自慢げに話していました。すなわち自分たちは金融政策に関してはもう放棄してしまっているということです。

ユーロ導入の成否と最適通貨圏

伊藤　ヨーロッパの通貨統合は国際経済にも多大な影響を及ぼしました。たとえばどのようなことがありますか。

生徒　大きな意味としては、アメリカのドルと並ぶ、第二の基軸通貨が登場したということです。ドル一極体制より、ユーロとの並立体制のほうがバランスがとれて安定的になります。

それから、出張や旅行でヨーロッパに行く時には、ユーロだけでどこの国でも通用しますからとても便利になりました。

伊藤　私もその便利さはよく感じます。また第二の基軸通貨ということでいえば、日本にせよ中国にせよ、ドルだけで外貨準備をするよりは、ドルとユーロの二本建てで外貨準備するほうが都合がいいですね。事実、ユーロの存在感は増しています。

しかしながら、ユーロの導入に対しては当初より経済学者の間では懐疑的な人が多かったんです。懐疑的な議論で必ず出てくる話題が**オプティマム・カレンシー・エリア**の問題です。日本語では**最適通貨圏**といいますが、最適通貨圏のなかでは同一通貨を使うべきだが、その圏域以外の国との間の為替レートは自由に変動させるべきだという理論です。

これはノーベル経済学賞を受賞した**ロバート・マンデル**という経済学者が唱えている説なんですが、彼は、固定相場制がいいか変動相場制がいいかという議論には意味がない。重要なのはどの範囲の経済が固定相場制を採用すべきかという問題だと言うのです。つまりこの範囲までなら固定相場制のメリットを享受できるが、その範囲を超えるとメリットよりデメリットのほうが大きくなる、そういう範囲があるはずだと。

たとえ話で説明してみましょう。

東京と千葉、東京と北海道、隣り合っている県とかなり離れている県を比べてみましょう。東京と千葉で別々の通貨を使っていたら、ものすごく不便ですよね。千葉から東京に毎日通勤する人は、いつも二つの通貨を持っていないといけないし、東京の会社でもらった給料を千葉で使おうとすると両替しなければならないとか、不便でやってられません。ここは当然同一通貨であることが望ましい。

では東京と北海道ならどうでしょうか。北海道から毎日東京に通勤する人はあまりいないでしょうから、違う通貨でもそういう面での不便さはなさそうですね。もう少し広い視野で両地域の経済を見てみると、北海道は農業など低成長の産業を抱えている地域です。トヨタもなければ、ソニーもない。でもそれらの企業が本州の工場で量産する自動車やエレクトロニクス製品が海外から人気を得て需要が高まれば、円が強くなって円高になります。そうすると、北海道の農産物の競争力は弱まりますね。この場合、本州の好況が北海道には逆のショックとして跳ね返っていると解釈することができます。そこで、発想を一八〇度転換して、東京の円に対して北海道では「イェン」という別の通貨を採用したらどうなるでしょうか。

おそらく現在の経済で計算すると、一円＝二イェンくらいのレートになるかもしれません。すると、北海道の農産物はどんどん本州に売れますね。円高イェン安ですから、美味しい食材を安価で市場に出すことができます。北海道の産業は十分に競争力を持つことができます。雇用は拡大し、マーケットも広がります。本州の好不況の巻き添えを食うこともなくなります。北海道にとっては、円よりもイェンのほうがいいかもしれません。

こういう話を北海道の友人にしましたら、「そんなことしたら東京に遊びに行けなくなるじゃないか」と叱られましたが、東京 - 千葉間の移動人口と、東京 - 北海道間の移動人口は言うまでもなく北海道のほうがはるかに少ないですよね。

このようにいろいろ考えてくると、先ほど言ったオプティマム・カレンシー・エリア（最適通貨圏）というのは、もしかしたら本州で一つの通貨圏とするのがよいのかもしれない。

生徒　なるほど、最適通貨圏とはそういう意味なのですね。

伊藤　でも待てよ、と。この話にはもう一ひねりあるんです。

北海道はなぜ本州と同じ通貨を使っているか、と考えると、きっとそこには固定相場制による損失を補う何か秘策があるからだと思いませんか。実際、そのアンバランスを埋める緩和装置には二つあります。

生徒　一つはわかりました。**公共事業**ですね。

伊藤　その通りです。政府は、公共事業という緩和装置を使って、好況なところからじゃんじゃん集めた税金の財政移転をしているわけです。**財政移転**というのは、北海道と東京の為替の調整機能を果たしているといえます。

もう一つの緩和装置は、人の流動性です。東京も北海道も同じ言語、同じ日本という文化圏ですから、北海道の人が東京の大学で勉強することも、東京で自分が求める仕事をすることも、何の問題もなくできますね。

ではヨーロッパはどうでしょうか。経済統合を果たし通貨統合も行ないました。でも域内には当然のことながら経済の強い国や地域と、そうでない国や地域があります。ドイツとギリシャ、同じユーロを使っているとはいえ、東京と北海道のような関係になれるでしょうか。ギリシャの産業が弱いからといって、ドイツ国民が自分たちの税金をギリシャの財政的問題を解決するためにハイハイと財政移転するでしょうか。それだけの準備があるでしょうか。あるいはギリシャの若者が、自国には自分の求める仕事がないからといって、景気のいいベルリンに行ってすぐにいい職に就けるでしょうか。まずドイツ語という言葉の壁がありますね、そして生活すれば文化の壁があります。制度上は人の移動は自由ですが、仕事や生活やさまざまな活動を自由に移動してできるかというと、途端に難しい問題に突き当たります。

もう一度話をオプティマム・カレンシー・エリアの問題に戻して考えてみてください。ヨーロッパが本当に一つの最適通貨圏になるのだろうか、という疑問はぬぐえません。

生徒　イギリスがあえてユーロという統一通貨制度に入ってなかったのは、そうした意味を理解していたからとも言えますね。

伊藤　イギリスは一九九二年に、アジア通貨危機と同じような状況に陥り深刻なポンド危機を経験しています。その経験もあり、通貨の重要性を身に染みて理解しているのだろうと思います。関税同盟には参加していますが、ポンドはユーロから外しました。通貨システムの持つ調整機能を手放すことはしなかったのです。

ドラギ総裁が唱えたバンキングユニオン創設

生徒　ユーロを導入して以降のヨーロッパ経済は、これまでのところ、かなりきびしいように見受けられます。自分たちの発展のために経済統合を実現したのに、現実の経済は低迷というのでは、いったい何のために苦労して統合したのかわからなくなりますね。

伊藤　経済は生きていますから、どれだけ堅実な政策を実行していても必ずよくなったり悪くなったりの変動を繰り返します。その変化を調整するのは為替レートなのです。景気が悪くなればその国の通貨は弱くなって、そのことが輸出を刺激する。景気が非常によくなればその国の通貨は強くなって、そのことが輸出を抑え輸入を伸ばすという形で結果的に熱を冷ますという調整機能を担っているのが為替なのです。

ですから欧州統合において、とくに規模の小さな国がこうした為替による調整機能を失ってしまうことは、経済を運営するうえで大きな痛手です。それらの国がいずれ破綻するだろうと考えられている理由はここにあります。

大きな国、中くらいの国にとっても、為替の固定を取るかわりに自律的なマクロ政策を捨ててしまっていったいどこまで我慢できるか。これは今後の動向を注目していく必要があります。これからが大事です。

どういうことかというと、ユーロという通貨システムは危機を迎えるとそれをきっかけに変身する可能性を持っているからです。危機をバネに難しい改革を進めていよいよ本格的な国際通貨としての強さを獲得するか、あるいは逆に危機の大きさに耐えきれず崩壊するか、非常に微妙なところです。

生徒　二〇〇九年からのギリシャ危機、さらにその後ポルトガル、スペイン、イタリアなどに飛び火していった債務危機について、実際に何が起こったかを以前の講義（『日本経済を「見通す」力』収録）でお聞きしました。その時にも感じたことですが、対応策が小出しにしか出てこなかったことや、ＥＣＢの救済策実行までの意思決定にものすごく時間がかかったことは致命的になりかねないです。今後同じような危機が起きても、また同じような対応の仕方しかできないのでしょうか。

伊藤　あの時はもう、ギリシャの国債の利回りが三〇％という、ちょっと想像を絶するような世界にまで行ってしまいました。ほとんど破綻寸前でした。しかも危機は連鎖していきましたから、ユーロも崩壊寸前だったことは事実です。

もしもの仮定ですが、日本で同じような事態が起こり国債の金利が上がり始めたら、日本銀行は即座に対応策を講じるでしょう。徹底的に国債を買って金利とマーケットを安定化させるはずです。

ところがおっしゃるようにギリシャ危機では、ＥＣＢはギリシャの国債の金利がするすると上がっていくのを傍目《はため》に、まったく動きませんでしたね。その様子を見て、ＥＣＢは本来中央銀行が果たすべき役割を果たしていない、あるいは果たしきれない、それがユーロという通貨制度の大きな欠陥であるという議論が起こり、それはいまも根強く残っています。

しかし二〇一二年夏、ＥＣＢのマリオ・ドラギ総裁が「ユーロ圏の一体性を守るためには何でもする」と宣言して、その後、危機国の国債の無制限の購入を決めました。ここが大きな転換点でした。ギリシャやスペインの国債の金利は驚くようなスピードで下がっていきましたね。ドラギ総裁の決断は、日本やアメリカの中央銀行の総裁でしたら当たり前のことをしただけなのですが、それができなかった、あるいはその権限を持っていなかったことがそもそもの問題だったのです。

しかし、あの時の危機への対応で、ＥＣＢの機能はかなり強化されました。まさに危機をバネにして制度に革新が起こったのです。結果的にユーロの大きな欠陥の一つが解消され、ユーロはより強靭になったと言えます。その一つのあらわれとして、あの時ドラギ総裁は、**バンキングユニオン**の創設を唱えました。バンキングユニオンとは、銀行の監督がユーロ全体で統一されることです。

生徒　関税同盟で関税を統一して、その後ユーロで通貨統一をして、さらにもう一歩統合を進めるという意味で、銀行制度を統一しようということですね。

伊藤　いまはまだ各国で銀行はリスク管理など勝手にやっているだけですので、そこをバンキングユニオンにまで高めてＥＵとして銀行監督を一本化し、救済のための基金もＥＵ全体として運営するという構想です。

バンキングユニオンが実現すれば、さらにその先には**ファイナンスユニオン**があります。ファイナンスユニオンまでいくと、ドイツの税金を使ってギリシャの財政赤字を埋めていくとか、国境を越えて財政資金を動かすといったことが普通にできるようになり、まさに最適通貨圏の条件を満たす方向に行けます。もっとも現在のヨーロッパの各国の政治制度のもとではあり得ないことですが、変身を繰り返してここまで行けるかどうか、いま私たちは見ているところです。

このように方向としてはユーロに対する過度な悲観論は鳴りをひそめる方向ではあるのです。ただ、ご存知のように経済統合というのは、経済問題だけではなくまったく思わぬところから足をすくわれることもあることを忘れてはなりません。たとえばシリアからの難民の問題はドイツにとっては試練です。イギリスではEU離脱か残留かの国民投票が実施され、離脱が決定しました。

ユーロ導入の長期的な狙いとして透けて見えるファイナンスユニオンが実現し、ヨーロッパ各国の景気のブレが統一的な金融政策によって解消されるまでは、まだ険しい道のりを行かなければなりません。

第四講義

比較優位理論とグラビティ・モデル

一　比較優位

そもそも貿易とは何か？

伊藤　今日は、貿易の話をしたいと思います。貿易とは何でしょうか。

生徒　国と国とが国境を越えて取引をすることです。

伊藤　貿易はなぜ起こると思いますか。

生徒　それは、たとえば暖かいところと寒いところではとれるものが違うので、それぞれ自分のところでは作れないものを相手の国から買うために貿易をします。

伊藤　そうですね。国によって気候条件や地理的な条件が異なりますので、自国でとれないものを輸入しようとすればそこに貿易が起こります。

生徒　それから、技術のレベルもさまざまですから、自国が技術的に得意なものを海外に売って、不得意なものは海外から買うという時も貿易になります。

伊藤　技術的条件や労働生産性の条件なども、貿易が生じる理由になりますね。それらのことは、国内でも行なわれていることですので、貿易が起こるメカニズムは、基本的には国内でさまざまな取引が行なわれるメカニズムと違いはありません。

しかし貿易は国と国の取引になるので、国内での取引にはない興味深いトピックがたくさんあります。まず重要な二つのキーワードをいいます。

それは、「**比較優位**」と「**グラビティ**（引力・重力）」です。

この二つはどちらも国際貿易のメカニズムを説明する重要なキーワードです。

でも、意味するところは正反対といいますか、まったく異なる方向から貿易を説明しています。国際経済学ではそれぞれ「**比較優位理論**」、「**グラビティ・モデル**（引力・重力モデル）」として理論化されています。ここでは理論を解説するのが目的ではないので、貿易がなぜ起こるのか、なぜここまで盛んになったのか、その理由をいろいろな角度から議論していきたいと思います。

比較優位は、貿易の原理原則

伊藤　最初のキーワードは「比較優位」。これは、なぜ貿易をするのか、ということの原理原則を説明するものです。国際貿易の経済メカニズムを理解するうえで最も基本的な概念ですから、これを理解することなしに貿易を分析することはできません。

経済学を学んだり、経済学的に物事を思考するには、基本的なキーワードを深く深く理解することがとても重要です。そのキーワードは、数えれば三〇個から四〇個くらいのものです。これまで出てきた「物価上昇率」「実効為替レート」「GDP」……みなそうです。そして今日取り上げる「比較優位」も、とても重要なワードの一つなので、ぜひしっかり理解してください。

私が深く理解してほしいという意味は、比較優位について、教科書通りの説明を答案用紙に書けるようになることを言っているのではありません。そういう理解の仕方なら、大学一年生が一夜漬けで勉強しても試験で「優」の答案は書けます。そうではなくて、比較優位ということが経済の何を説明しているのかを理解して、自分のものにして、世の中の現象や事象を見る時にそれを思い出し、使えるレベルになってもらいたいと思うのです。

それでは始めましょう。

まず、比較優位の「比較」とはどういうことかというと、それぞれの国には生産に対して得意、不得意があります。得意なものは自分たちで作って、不得意なものは海外に生産を任せてそれを輸入したほうが得ですよ、というのが比較優位の根本です。重要なのは、「比較」して優位かどうかということで、「絶対的に」優位かどうかではありません。

私がよく学生に説明する時に使う例は、私と私の秘書の関係です。

私が何か大きな研究に取り組んでいるとしましょう。私の秘書は、私ほどには経済学のことがわかっていません。また、少し前まではワープロの打ち込みも、私のほうが秘書より速くできました。その場合、私は経済のこともよく理解しているし、ワープロの打ち込みも速いので、秘書など使わずにすべて自分でやったほうがいいと思いますか。

生徒　ワープロの打ち込みを先生がやるのは時間がもったいないと思います。

伊藤　そうです。一日は二四時間しかありません。その二四時間をどう使うかが問題です。私が自分の時間を稼ごうと思えば、やはり秘書に手伝ってもらわなければなりません。その時に、どういう仕事を自分でやり、どういう仕事を秘書にやってもらうかを考える必要があります。

経済学の論文を秘書に書いてもらうわけにはいきません。しかし、私が書いた原稿の誤字脱字をチェックしたり、修正したものをワープロで打ち直すといった仕事は秘書にやってもらえます。そうやって秘書の時間を使うことで、私は自分の比較優位を生かすことができます。結果、二人合わせて相当な時間の節約になるし、秘書も自分のできる仕事をすることで賃金を得ることができます。これが、比較優位の考え方です。

実際の貿易で考えてみましょう。たとえば日本とインドを比較するとどうでしょうか。多くの産業で日本のほうがインドよりも生産性が高いですね。ならば、日本が工業も農業もすべてを行なうのがよいかといえば、決してそんなことはありません。日本の資源は有限です。農産物をたくさん作れば、その分だけ日本にある限られた労働力、資金、あるいは土地を使うことになるので、他の産業には回せなくなります。それはたいへん非効率なことですね。インドのほうが日本より安く農作物を作れるならば、インドから輸入したほうがいいでしょう。その分日本は工業製品の生産を増やし、インドは農業製品の生産を増やすことで、両国を合わせた生産水準を高めることができます。

生徒　それぞれの国が、自分たちの得意な分野で力を発揮して交易を行なえば、効率的な生産を行なうことができて、しかも全体として豊かになるということですね。

伊藤　そうですね、これが典型的な貿易自由化の議論で、その背後にあるのが比較優位の理論なのです。

ご存知かと思いますが、この比較優位という考え方に最初に言及したのが**アダム・スミス**です。アダム・スミスは一七七六年に『国富論』を世に出し、経済学の基礎を築きました。その本のなかで、比較優位という言葉は使っていませんが、比較優位につながる概念を打ち出しました。アダム・スミスに続いて、**デヴィッド・リカード**、**ジョン・スチュワート・ミル**の三人が中心となって、**古典派経済学**が生み出されました。

よく誤解されるのですが、皆さん、経済学の一つの分野として国際貿易の理論があると思っていますよね。違うんです。歴史的事実としては逆なんです。国際貿易の理論が最初にできて、それが発展した形で経済学とくにミクロ経済学の部分が発展してくるのです。その意味では、国際経済学というのは、いまは経済学の一分野ですが、実は経済学のご先祖様ということになります。

アダム・スミスが書いた『国富論』は画期的な本です。

この本は一八世紀後半に書かれたのですが、その目的は当時の**重商主義**を論駁《ろんばく》するためでした。一七世紀から一八世紀にかけて、イギリスやフランスでは、輸出制限によって自国の産業を保護育成し、自国製品を積極的に輸出して貨幣を獲得することが国家繁栄をもたらすという考え方が主流をなしていました。国家にとって「輸出は良いこと、輸入は悪いこと」

というわけです。そうした主張を論破するため、政策論争の本としてアダム・スミスは『国富論』を書きました。中を読むと、その後の経済学のさまざまな議論を規定するような考え方や物事の見方が、宝石のごとくきらめいています。有名なところをいくつか挙げておきましょう。

「The division of labour is limited by the extent of the market」**(分業の程度はマーケットの大きさによって規定される)**

たとえば、縫い針は一人で作ることができます。しかし、それを一〇〇人で作ると、ある人は針金を延ばす、ある人はその先を尖らす、ある人は穴をあける、とそれぞれ分業することによって、一人で作る時の二〇〇倍とか三〇〇倍の生産が可能となります。

これが「**division of labour**」**(分業)**の意味です。経済の議論においては非常に重要なキーワードです。これを国際的に展開すると、海外と自由に貿易することができれば、自分の得意なものに特化して、他のものは海外から輸入すれば、全体として利益が増大する、これがdivision of labourということになります。

それからさらに重要なキーワードがでてきます。何だかわかりますか。

生徒　「**神の見えざる手**」ですね。

伊藤　はい。見えざる手、これは価格メカニズムの話です。皆が勝手に自分の利益を利己的に追求すれば、結果として社会全体においてウェルフェア（幸福と利益）を最も高い方向に持っていくことになる、すなわち適切な資源配分が達成される、とする考え方です。そのような社会全体の利益となる望ましい状況が「神の見えざる手」によって実現するというのです。スミスは、価格メカニズムの働きにより、需要と供給が自然に調節されると考えたわけです。

このように非常に含蓄の深い本なのですが、なんといっても一番のポイントは、比較優位につながる概念を打ち出したことだと思います。

アダム・スミスの消費者主権

伊藤　スミスの考え方は、その後の経済学の考え方を規定していき、いまでも重要であることに変わりありません。その考え方の根本には、**消費者主権**という概念が明確に示されています。物事の政策を考える時に、消費者あるいは国民全体といったほうがいいかもしれませんん、そうした人々にとっての利害を考えることが最も重要で、生産というのはあくまでも手段である。最終的な目的は、国民全体が消費においてどれだけメリットを受けるかということであり、その観点から考えなければならないと、スミスは考えていたのです。

その立場に立てば、輸出は国内の消費者が消費できるものを外に出すことになり、輸入は国内の消費者が消費できるものが増えることを意味します。単純に「輸出は良いが輸入は困る」「輸出は利益で輸入は負担」と言っていた重商主義の信奉者たちに対してスミスは、自由に貿易をすることで国民全体がどのようなメリットを受けるかをきちんと加味したうえで輸出や輸入を議論すべきであると主張しました。

金融マン・リカードが唱えた輸出入の原則

伊藤　では、国民全体が消費においてより多くのメリットを受けるには、輸出や輸入はどうあるべきか。そう考えを進めたのがリカードでした。結論からいえば、海外から輸入するよりも国内で作ったほうが有利なものは国内で作って、国内で作るより海外から輸入したほうが有利なものは海外から輸入するのがよい――リカードはこれが貿易の原則であるとして理論化し、比較優位の理論が生まれたのです。

リカードは、金融取引のビジネスマンでした。当時のお金持ちは、一年のうちひと月くらいは休暇をとって田舎に行きゆっくり過ごしていたようで、彼も毎年休暇をとっていたのですが、その時に必ず一冊本を持っていき、それを読みながらゆったりと過ごしていたというのです。ある年の休暇で、たまたま選んだのがアダム・スミスの『国富論』だったんですね。リカードはこの本から大いに刺激を受けて、彼の学問的な才能がむくむくと湧き上がってきたのでしょう。それで書いたのが、有名な『経済学および課税の原理』です。

生徒　たとえば、バターという商品、あるバターの日本での価格はフランス国内の一〇倍から二〇倍するそうです。フランスでは二〇〇〇円なのに、日本に来たら三〇〇〇〇円もすると言ってフランス人の友人が怒っていました。日本で作ると三〇〇〇〇円に相当する資源が必要だけれども、フランスで作れば二〇〇〇円に相当する資源でできてしまうということですよね。それを聞いた時、日本で作るのはもったいないと思いました。三〇〇〇〇円分の労働力や材料費を他のものに使ってそれを輸出して、バターは海外から輸入すれば、資源の無駄遣いをすることなく美味しいバターを食べられるし、しかも国内で作った他のものが海外で売れればもうかります。

伊藤　そうですね。この議論は、国家が政策を考えるうえで非常に重要な議論です。実際に、リカードが比較優位による自由貿易擁護を提唱して以降、重商主義のもと保護貿易政策を行なっていたヨーロッパの国々は、貿易自由化へと政策を移行すべきかどうかで大きな議論が巻き起こりました。そして、さまざまな議論を巻き起こしながら、その後の歴史が証明するように、貿易の自由化はどんどん広がっていきました。

ただ、どうでしょうか。自由貿易がいいのか、保護貿易がいいのか、決着はついているでしょうか。

生徒　いえ、いまでもその議論は続いています。TPPもそうだと思います。

伊藤　その通りで、アダム・スミス、リカードから二五〇年近くたついまなお、論争は終結していません。

せっかくなので、過去にどういった論争があったのかいくつかご紹介しましょう。

まず、その五〇年後くらいに出てきた**リスト**というドイツの経済学者が、**幼稚産業保護**(infant industry protection) という論を使って、自由貿易論を批判しました。ドイツは当時、イギリスを追いかけながら工業をどんどん伸ばしている時期でした。そのドイツから見れば、自由貿易論は強者の議論である、と。最強のイギリスにとっては、自由貿易をすれば世界を席巻することができ、国家の利益をどこまでも増大させられる。しかし、ドイツのように後から追いかけていく国では、産業が国際競争力を持つまでに成長していない段階で貿易を自由化すれば、強国からの輸入品によって自国の産業が潰されてしまう。それを避けるためには、現在は競争力が弱いけれども一〇年か二〇年か先には生産性が向上して産業は成長するだろうから、その間は親が子どもを保護するように、国がまだ幼稚な産業を保護することは合理性があるという主張です。一定期間保護してドイツのいろんな産業が成長すれば、それによってイギリスの国民もメリットを受けるはずである──これが幼稚産業保護論ですが、けっこう強烈な議論ですよね。

生徒　日本も戦後、その考え方に基づいて、自動車産業や鉄鋼業の保護政策を行なっていました。

伊藤　途上国はみなそれでことごとく失敗するわけです。この講義でも繰り返し言っているように、保護貿易で栄えた国はかつて一つもないのです。にもかかわらず、おっしゃる通り、自由貿易か保護貿易かという議論はいまも決着はついていませんから、今後も失敗は繰り返されていくのでしょう。

そうしたなかで非常に重要なのは、一九三〇年代の経験です。

一九二九年にウォール街で株の大暴落が起こり、世界中が大不況に陥るなかで、各国は自国の産業を守るために保護主義に走ったことは前章でも述べました。復習になりますが、アメリカは**スムート＝ホーリー法**という有名な法律を制定して関税をボーンと上げて、海外からの輸入をストップしました。フランスとイギリスはブロック経済です。自国の綿製品の産業を守るために、イギリスは植民地や同盟国との間では自由貿易を行ない、それ以外の国に対しては高い関税障壁を設け、輸入によって需要が外国に漏れるのをストップしました。各国が保護貿易に移行すると、みるみるうちに貿易量が縮小していきました。これが世界経済を破滅に陥れた一つの原因だと言われています。

この時期に保護主義が膨張したことで世界は非常に不幸な状況に陥ってしまった。その反省から戦後のＩＭＦ、ＧＡＴＴ、ＷＴＯといった体制ができ上がっていったのです。

しかしながら、二五〇年にもわたって引きずっている自由貿易と保護貿易の対立関係は、そう簡単に解消するものではないんですね。いまのＴＰＰの議論でも、ＴＰＰで牛肉や豚肉の関税が安くなるというと、新聞は、これで消費者は牛肉や豚肉を安く買えるようになると一方で書きながら、他方ではこれで牛肉や豚肉を生産する農家は厳しくなると書くわけです。

生徒　農家が大変だというほうの記事に引っ張られれば、ＴＰＰ反対となります。そして保護主義に傾いていきますね。

伊藤　もちろん両方の面があることは事実なんですね、でも、アダム・スミスやリカードは、そのどちらのほうが全体として見た時に大きなメリットとなるかをきちんと考えて判断しようといったわけです。そして結論からいえば、この場合は消費者利益のほうが生産者の被害を差し引いてもなお、大きくなることが経済学では一般的とされています。ただ、学問の世界と現実は違うといった意見はあるでしょうし、きちっと議論するとなるとなかなか奥が深い問題ではあります。

二　自由貿易体制の確立と貿易摩擦

先進国クラブとしてのGATTと、アジアのドラゴン4

伊藤　戦後の国際経済体制としてのWTO＝GATT体制については、第一回の講義で詳しくお話ししましたので繰り返しませんが、柱の一つであるGATTの成り立ちについて、少しだけ補足しておきましょう。

GATTとは、「General Agreement on Tariffs and Trade の略です。一九四七年一〇月に二三カ国が参加して調印され、四八年一月に発効しました。これ、「関税および貿易に関する一般協定」というんですが、一般協定ってちょっと変な名前ですよね。

実は、IMF（国際通貨基金）を作る時に、対となる機関としてITO（International Trade Organization：国際貿易機構）というものを設立する動きがアメリカを中心に関係者のなかでありました。アメリカは第二次世界大戦中から、各国と交渉を続けてITO設立を強く推進していたんです。ＩＴＯでは、関税政策や雇用問題にも国際的な解決を図ることが構想されていました。ところが、ＩＭＦと違ってＩＴＯについては国内での調整が難航して、結局議会がＮＯを出して潰されてしまうんです。アメリカ議会としては、内政に関与しすぎるというのが反対の主な理由でした。

仕方がないので当時、関税交渉をするために暫定的な措置として組織されたＧＡＴＴを拡大解釈して、ＩＴＯに代わる制度として採用したという経緯です。その暫定的な協定が、「一般協定（General Agreement）」であったということです。ただ、基本的にはＩＴＯで実現しようとしていたことを、結果的には前倒しでやっていったことになります。

ＩＴＯが実現しようとしていたことは、次の三つの原則でした。

① すべての貿易制限を関税にして表現しなければいけない

② 一旦決めた関税を引き上げることは認めない

③ 最恵国待遇

①の「すべての貿易制限を関税にして表現する」とは、それまで日本を含め多くの国では、

貿易を制限する方法として**数量制限**を実施していたのですが、それをやめて関税として表現しましょうということです。たとえば、日本でも牛肉の輸入は何トンまでと決めて、そのうち二〇%はブラジル、六〇%はアメリカ、残りはオーストラリアという具合に割合で決めていました。こうした輸入先の割り当てと同時に、誰が輸入するかということも決められていたのです。コメに関しては、ウルグアイ・ラウンド以前は日本は典型的な数量割り当てで、割り当てどころか一粒たりとも輸入を認めないという鎖国をしていました。

この数量割り当ては政府にとっては都合がいいのですが、政治的なパワーで決められるため差別が生じます。GATTの非常に重要な思想として「差別をしない」ということがありますので、そうした最恵国待遇はGATTにおいては全加盟国に平等に実施することが決められました。

最も重要なのは二番目です。GATTのもとで行なわれた関税交渉は、先進国の関税率を引き下げるうえで絶大な役割をはたしました。現実に、GATTの制度が定着するに伴い、各国の関税はものすごい勢いで下がっていきました。

生徒　それにより貿易はどんどん拡大していきました。GATTによって大きく発展したのは西側先進諸国だったということですね。その一番の恩恵にあずかったのが日本とドイツで

図表11　主要なラウンドにおける交渉分野（協定等が策定された分野）

	ケネディ・ラウンド（1964〜67年）	東京・ラウンド（1973〜79年）	ウルグアイ・ラウンド（1986〜94年）
関税	*	*	*
関税評価	*	*	*
アンチ・ダンピング	*	*	*
TBT（スタンダード）		*	*
ライセンシング		*	*
補助金及び相殺措置		*	*
農業	*	*	*
原産地規則			*
船積前検査			*
セーフガード			*
TRIM			*
繊維製品等			*
ガット条文		*	*
紛争処理		*	*
貿易政策レビュー			*
サービス貿易			*
TRIPS			*
政府調達		*	*（注）
民間航空機		*	*（注）
国際酪農品		*	*（注）
国際牛肉		*	*（注）

（注）ウルグアイ・ラウンドと並行して交渉が行われた。
（出所）『不公正貿易白書』（平成8年版）通商産業省通商政策局

すね。

伊藤　おっしゃる通り、GATTは一九七〇年代くらいまでは基本的には先進国クラブでした。これもGATTの重要な特徴の一つです。ご存知のように中国がWTOに加盟したのは二〇〇二年です。当時はまだロシアも入っていませんし、サウジアラビアも入っていません。多くの途上国も初期には入っていませんでした。結果的には一九五〇年代から六〇年代にかけて、先進国の間でかなり激しい関税の引き下げ競争が行なわれて、日本とドイツが奇跡の経済成長をとげました。

そしてもう一つ、サイドストーリーを言えば、この時期に途上国はことごとく成長の機会を失っています。

多くの途上国は植民地から独立してやっと政治的に自由を得たのに、ここで貿易自由化をやってしまったら先進国の強い企業の製品がどんどん入ってきて自国の企業が育たない。それは困ると、先ほど言った幼稚産業保護論が支持されて、当分の間は貿易を制限して国内産業を育てようという政策をとったのです。それを**輸入代替政策**（Import substitution policy）と言いますが、インドネシアのスカルノ、インドのネルー、アルゼンチンのペロン、みな同じように保護貿易政策を行ないました。結果、どうでしょう、貿易制限政策をとって経済発展した国がありますか。残念ながらそういう国はありません。

実際に、一九五〇年代、六〇年代を通じて、保護貿易で栄える国はないということが証明されたようなかっこうになりました。

生徒　七〇年代になって、やっと台湾、そして韓国が、その悪循環から抜け出すのですね。

伊藤　そうです。七〇年代以降、その愚かさに気づく途上国が、次々と出てきます。

最初に気づいたのが台湾です。台湾は、チャンという中国系の有名な経済学者を総統の顧問として招聘《しょうへい》して、彼の指導のもと貿易自由化を進めていきます。チャン先生はアメリカの大学で経済学を教えていた人ですから、台湾のような小国が国内産業保護政策を続けていたら発展は望めないと当時の蔣経国総統に進言したのだと思います。高雄が有名ですが、**自由貿易地域**を設けて、外資系企業を誘致してその企業に関しては貿易自由化を認めるという政策を実施しました。

具体的には、その地に出てきた外資系企業は、原材料を輸入して作ったものを海外に輸出するかぎりにおいては貿易を自由化しましょうと、しかも、法人税の減免措置を導入することによって先進国の企業は非常に安い人件費で有利に現地生産ができることになる。また、台湾から見ると、それによって投資が起きれば国内での雇用が生まれるし、外貨獲得にもつながります。中長期的に見れば、台湾の自由貿易地区で生産する企業が出てくればその分だけテクノロジー、技能が地元の企業に伝播するというメリットも生まれます。

この動きを横で見ていてすぐに追いかけたのが韓国です。ある意味、独裁的な色彩を持った政権だった台湾と韓国が、いち早く貿易の自由化に歩みだします。それに加えて、もともと自由貿易でしか生きる道がなかった香港とシンガポールという都市国家、この四つが七〇年代中ごろからみるみる成長していきました。

当時、この四つの国は「**アジアの四頭のドラゴン**（**アジア四小龍**）」と呼ばれ、アジアには日本以外にも成長できる国があることを世界に印象づけました。ここがターニングポイントとなって、一九七八年には**鄧小平**《とうしょうへい》が中国の改革開放を始め、タイやマレーシアも追随しました。いっぽう、ブラジル、メキシコにもその動きは広がって、世界全体が貿易の自由化、資本の自由化を行なっていきました。

それらの国々では、七〇年代、八〇年代とかなり成長が進みます。そうしてウルグアイ・ラウンドでのエポックメイキングな貿易交渉に至るわけです。ウルグアイ・ラウンドで、それまで先進国クラブだった貿易交渉にはじめて途上国が入ってきます。ブラジルとインドがその代表的存在です。もはや途上国が力をつけてきているので、昔のようにお客様で好きなようにしてくださいと言ってはいられなくなりました。

先進国と途上国のかけひき

生徒　ウルグアイ・ラウンド以前のＧＡＴＴのラウンドでは、途上国に関してはユニラテラルに関税を下げた形で恩恵を与えていたということでしょうか。

伊藤　そうですね。基本的にはGATTによる関税引き下げは加盟国だけがその恩恵を受ける制度となっているのですが、現実にはGATTの外の途上国にも、その恩恵は与えられていました。**GSP**（Generalized System of Preferences：特権関税制度）というものがあって、とくに貧しい国に対しては例外的に関税を低くして、そうした国々の経済発展および工業化の促進を助けようという合意が行なわれていました。その意味では、先進国は途上国に対して非常に優しかったんですね。その裏側では、途上国から競争力のある製品など絶対に来ないだろうという思い上がりもあったわけです。

生徒　しかし、途上国の成長で、先進国も思い上がっていられなくなり、ウルグアイ・ラウンドでは途上国を入れて、彼らにも市場開放を要求し始めたということですね。

伊藤　とくに農業分野では、そういう状況だったと思います。ただ、実は、もう少し前からちょっと厄介なことが起こっていたんです。

皆さん、一九六〇年代はじめの沖縄返還の時に、「縄」と「糸」を交換したということを知っていますか。

戦後の通商制度は、日本とアメリカの貿易摩擦がつねに大きな影響を及ぼしていました。一九五〇年代、日本のアメリカに対する最大の輸出品は綿製品でした。一九五五年にアメリカが繊維製品の関税引き下げを行なったことで、日本製の安価な綿製品の輸入が激増しました。当時、「ワン・ダラー・ブラウス（one dollar blouse）」といわれたのですが、日本製の紳士用の綿のワイシャツや女性向けの綿のブラウスは、一ドルで売られていたんです。三六〇円です。これがものすごく売れてしまったんですね。すると、アメリカの綿製品業者は政治的に力を持っているものですから、日本製の綿製品に対して激しく輸入制限の圧力をかけてきました。そうして始まったのが、**日米繊維交渉**です。

日米の間には当時、貿易摩擦のほかに沖縄返還という重大な問題がありました。それで繊維交渉が難航したという事情もあったといいます。アメリカ政府は、沖縄を日本に返還する代わりに、日本政府に繊維製品の輸入規制に同意することを求めたのです。この要求が結局は通る形で、日本にとっては、沖縄を返還してもらう条件の一つとして、繊維製品の輸出の自主規制をする制度ができてしまいました。沖縄の「縄」と繊維の「糸」を交換したというのは、このことを言っているんです。

しかも、この制度は皮肉なことに、数年の間に途上国全体に広がってしまったんですね。つまり、アメリカは途上国の繊維製品に対して輸入制限をかけることが正当化されて、さらにはヨーロッパの国々までもこの制度に乗って輸入制限を始めたのです。ですからウルグアイ・ラウンドの少し前から、「縄」と「糸」の交換以降、すでに先進国は途上国に対して厳しい姿勢を取り始めていたということです。とくに繊維製品については、大きな貿易摩擦が発生していました。ウルグアイ・ラウンドに途上国が参加してきたのも、むしろこうした先進国の厳しい輸入規制をもう少し緩和してほしいという思いがあったのかもしれません。

NAFTA誕生とウルグアイ・ラウンド終結でもたらされた変化

伊藤　それからもう一つ、ウルグアイ・ラウンドに関してお話ししておきます。普通、ラウンドは六年から七年でまとまるのですが、ウルグアイ・ラウンドは一〇年以上かかって、ほとんど頓挫しかかりながらもなんとかまとまりました。頓挫しかけた理由は、農業問題をめぐってアメリカとヨーロッパがぶつかったからです。GATTでは正面から取り上げられなかった農業分野が、はじめて自由化交渉のテーブルに乗せられましたからね、交渉は最初から難航が予想されていました。

ところが、ここが非常に重要なのですが、この対立を見てアメリカが何をやったかというと、NAFTAという北米自由貿易協定を九〇年代初めに締結してしまいます。

　ここにはいくつか大事なポイントがあります。第一回の講義でやりましたが、NAFTA以前は世界の貿易交渉はすべてマルチで行なわれていました。ちょっとおさらいしますと、通商政策の四つのタイプを覚えていますか。

生徒　はい、マルチ、リージョナル、バイ、ユニの四つです。

伊藤　その通りです。

　マルチは多くの国を巻き込んだ形での世界的な組織のなかでの交渉です。GATT、WTOがそうですね。

　リージョナルは、TPPがまさにそうで、ヨーロッパもそうですが、要するに地域でまとまって行なうのがリージョナルです。

　バイは二国間、日米貿易摩擦や、日本とシンガポールの自由貿易協定などもそうです。

　ユニラテラルというのは、それぞれの国が独自で勝手に自由化していくことで、アベノミクスのなかでビザを緩和して外国からの観光客を増やそうという政策は、このユニラテラルになります。

　この四つの組み合わせのなかであらゆる通商問題が議論され、いろいろな国際制度が決まってくるわけです。

NAFTAは、それまでマルチでしか行なわれてこなかった通商政策の暗黙のルールを破ることを意味しました。そしてこれ以降、経済連携協定、自由貿易協定の時代に突入していくわけです。

アメリカとしては、ウルグアイ・ラウンドの混乱を見ていて、これに乗っていくことは難しいと見て、さっと身をひるがえし別の道を探りました。アメリカの得意技ですね。アメリカの外交はレアル・ポリティークで、こっちが動かなければあっちを動かそうと、現実に沿って政策を柔軟にします。NAFTAは、パンドラの箱を開けてしまったわけです。ここから先、ご存知のように南米で**MERCOSUR**という経済連携協定、あるいはアジアの**ASEAN**で**AFTA**という経済連携協定、それから日本もいろいろな国と経済連携協定を締結していきます。

ウルグアイ・ラウンドは、結局、こうしたアメリカの動きにヨーロッパが反応してまとまりました。これが通商交渉の非常におもしろいチェーンアクションで、一つが動くことによって他が動くという形でまとまっていくんです。

そして、ウルグアイ・ラウンドの一つの成果として設立されたのがWTOです。

リージョンやバイによる自由化交渉が主流となりつつあるいま、マルチのWTOの機能は少なくなっていますが、過去に実現した関税引き下げの成果を守るという意味では非常に重要な役割を果たしています。それによって、一九三〇年代に起こったような関税引き上げ競争はいまは起こり得ないわけです。WTO違反、GATT違反になりますからね。

それからもう一つ、WTOには重要な役割がありましたね。

生徒　さまざまな**紛争処理**（dispute settlement）を行なうことです。二国間、三国間で貿易の紛争が起こった時に、それを当事国どうしの政治交渉ではなく、多国間の枠組みのなかで判断するということで、多くの国がこのWTOの裁判所的な機能を活用している事例について、第一講義でも議論しました。

伊藤　そうでしたね。WTOに持ち込まれる紛争処理はものすごく多いんです。前回はお話ししていなかった有名な例としては、オーストラリアのタスマニア沖のサケとカナダのサケの争いなどがあります。タスマニアのサケに寄生虫がいるということになり、これはオーストラリアの人に言わせると科学的には人間にとって何ら有害ではないというのですが、カナダの人はそれを理由に輸入を制限している。これはけしからんというので、オーストラリアとカナダが論争になる。これは紛争処理としては結局うまくいかなかったのですが、これに類する紛争が多々持ち込まれるわけです。

生徒　少し前に、中国がレアアースに関して輸出規制をしたことが問題になりましたが、そうした問題に対してもWTOは仲裁に入ったりするのでしょうか。

伊藤　そのあたりの問題になると非常に難しいだろうと推察します。

WTOでは、関税について明らかに違反があれば問題にできますが、その国にとっての戦略的な商品について輸出を抑えるといった行為あるいは国家的政策に対して、WTOのルールとしてどこまで扱うかは微妙なところがありますね。そこまで言い出したら、OPECが石油の輸出量をコントロールして価格を引き上げるという政策も、本来のWTOのフィロソフィから見ればあってはならない政策ですが、現実にはWTO＝GATT体制のなかでは取り上げることはしません。

そもそもマルチの国際協定は浅い統合にならざるを得ないところがあって、深いレベルでの問題に踏み込むのは難しいと思います。

世の中の動きはいま、マルチからバイの世界に一気に流れている状況で、世界全体では三〇〇から四〇〇の自由貿易協定が締結されています。それがいいかどうかは議論があるとして、事実はそういうことになっている。そして、バイの協定を追求するなかで何が起きているかというと、これをリージョンの世界に広げていこうとする動きが活発化しているんです。

図表12　日本がWTOに申し立てた紛争案件

案件名	協議要請	パネル設置決定	報告書採択	結　論
米国通商法301条に基づく一方的措置(自動車100%関税賦課等、DS6)	1995年5月	—	—	二国間合意により終了(1995年7月)(一方的措置の発動は回避)
ブラジル自動車政策(DS51)	1996年7月	—	—	協議中断(ブラジルが事実上措置撤廃)
インドネシア自動車政策(DS55)(DS64)	1996年10月	1997年6月	1998年7月(パネル報告書採択)	我が国の主張容認
米国の地方政府の調達手続問題(DS95)	1997年7月	1998年10月	—	パネル消滅(2000年2月)(米国内で違憲判決)
カナダの自動車政策に係る措置(DS139)	1998年7月	1999年2月	2000年6月(上級委報告書採択)	我が国の主張容認
米国の1916年アンチ・ダンピング法(DS162)	1999年2月	1999年7月	2000年9月(上級委報告書採択)	我が国の主張容認
米国の日本製熱延鋼板に対するアンチ・ダンピング措置(DS184)	1999年11月	2000年3月	2001年8月(上級委報告書採択)	我が国の主張容認(履行期間を2005年7月まで延長しているが、未だ一部履行が実施されていない)
米国1930年関税法改正条項(バード修正条項、DS217)	2000年12月	2001年9月	2003年1月(上級委報告書採択)	我が国の主張容認(履行期間を徒過しても履行が実施されていない)
米国サンセット条項(DS244)	2002年1月	2000年5月	2004年1月(上級委報告書採択)	我が国の主張容認されず
米国の鉄鋼製品に対するセーフガード措置(DS249)	2002年6月	2002年5月	2003年12月(上級委報告書採択)	我が国の主張容認
米国のアンチ・ダンピング行政見直し等におけるゼロイング(DS322)	2004年11月	2005年2月	2007年1月(上級委報告書採択)	
米国のアンチ・ダンピング行政見直し等におけるゼロイング(DS322)(履行確認パネル)	—	2008年4月		
ＥＵのＩＴ製品の関税上の取扱い(DS376)	2008年5月	2008年9月		

(出所) 経済産業省

二国間だけではデメリットもあるので、もう少し大きな枠組みで協定を組もうということです。TPPがまさに象徴です。世界のGDPの四〇％をカバーする一二カ国の間で経済連携協定をやろうとして、一応合意に至った。これは画期的な仕組みになることは間違いありません。

日本はこのTPPと同時にEUと経済連携協定を結ぼうとしています。日本とEUとなると、貿易の規模としては大型の経済連携協定になります。それから、RCEP（Regional Comprehensive Economic Partnership：東アジア地域包括的経済連携）という東アジアの経済連携の協議が進んでいます。これらはすぐにまとまるという見通しはないのですが、マルチからバイへ、バイからリージョンへという流れは、貿易の世界での大きなうねりとなっています。

三　グラビティ・モデル

引力の法則と貿易のメカニズム

伊藤　では、もう一つの話をしてみたいと思います。比較優位に対して、国際貿易におけるもう一つ重要なキーワード、グラビティ・モデルについてです。

皆さんの頭を整理してもらうために、こう考えてみてください。

比較優位＝サプライサイドの議論
グラビティ・モデル＝ディマンドサイドの議論

これまでお話ししてきた比較優位の議論は、基本的にサプライサイドの議論ですね。その国が、あるものを作るのに費用がどれだけかかるかということを比較することによって、より有利なものを作ってそれを輸出し、コストがかかりすぎるものは他国から輸入する。これにより国際的な分業が進み、全体として利益を得ることができるというものです。

しかし、現実の貿易はディマンドサイドの議論が非常に重要です。そのディマンドサイドの理論として、国際貿易の実際を説明するモデルの一つに「グラビティ・モデル」というものがあります。これは、オランダの経済学者**ヤン・ティンバーゲン**が五〇年ほど前に提唱した理論で、皆さんもご存知のニュートンの引力の法則を貿易にあてはめたのです。

引力の法則は、二つの物質の間に働く引力は、距離に反比例し、そして質量に比例する。つまり近いものほど引っぱり合う力が強くなり、また重い物質ほど強く引き合う。これが物理学の引力の法則です。

これを国際貿易にあてはめると、

「二国間の貿易額は、両国の距離が近いほど大きくなり、また両国の規模が大きいほど大きくなる傾向がある」

となり、ティンバーゲンはこのことを多くの統計資料から証明しました。彼は第一回ノーベル経済学賞を受賞しています。

このグラビティ・モデル、早い話が「遠いところより近いところのもののほうが買いやすい」ということで、言われてみれば当たり前なのですが、たくさんのデータで見事なほどよく当てはまることがわかって、国際経済学ではいまや基本的な考え方として定着しています。

そしてこれからの日本経済のあり方を考える時、これは非常に重要な意味を持ってくるのです。

たとえば、紙オムツという商品、世界のマーケットで圧倒的に強いのはアメリカのP&G社のパンパースですね。ブラジルでは当然のことながらパンパースがトップシェアなのですが、では中国ではどうかというと日本の花王のメリーズやユニ・チャームのムーニーが売れている。これは、中国にとってアメリカより日本のほうが距離的に近いということなしには説明できないだろうと思います。そうなると、国際貿易のありようは、サプライサイドの要因だけで説明できるものではなく、ディマンドサイドの要因によっても影響を受けるということになります。しかも、このグラビティ・モデルは、比較優位とはまったく関係なく成り立つのです。

生徒　ある商品について、どの国が相対的に低いコストで生産できるかで比較優位が決まって、それに基づいて貿易が行なわれるというものでしたが、実際の貿易は、それだけで動いているのではないということですね。

伊藤　そうなんですね。では、ディマンドサイドから考えた時に、貿易によって我々消費者が受けるメリットってどういうものでしょうか。

生徒　貿易をすることによって、国産品だけではなく外国製のより多くの種類のものを買ったり使ったりできるようになることではないでしょうか。
伊藤　おそらく貿易の最大のポイントは、そこなんだと思います。

産業内貿易の増大は何を意味しているのか

伊藤　現実の貿易を見ると、グラビティ・モデルをサポートするような現象や議論がたくさんあります。その一つが**産業内貿易**です。
同じ産業のものが輸出もされているし、輸入もされているという例は、実際の貿易においてはいろいろありますよね。
生徒　自動車がそうですね。日本は海外にどんどん輸出している一方で、外車もどんどん輸入しています。
伊藤　まさにその通りで、東京・世田谷区では、新車購入の半数以上が輸入車なのだそうです。
自動車以外にも、繊維製品もそうですね。日本は綿製品をアジアから大量に輸入していますが、東レが生産するヒートテックやフリースは海外に輸出されています。

そのように同一産業のものが輸出も輸入も双方向で貿易される現象を「**産業内貿易**」(intra-industry trade) といいます。これに対して、得意なものは輸出して苦手なものは輸入するという貿易パターンを「**産業間貿易**」(inter-industry trade) と呼ぶのですが、比較優位の考え方に基づけば、貿易は産業間貿易のパターンになるはずですね。

ところが近年、先進国ではとくに産業内貿易のほうが驚くほど増えているのです。実際に産業内貿易がどれくらいの規模で起こっているのか、その規模を測定する指標(図表13) があるのでご紹介しましょう。

図表13　産業内貿易の規模の計測

$$\frac{X+M-|X-M|}{X+M}\times 100$$

ある産業の輸出をX、輸入をMとします。この産業で産業内貿易が盛んに行なわれていれば、輸出Xと輸入Mは近い金額になっているはずなので、分子の－X－(マイナス)M－はゼロに近い値になります。したがって、この式は一〇〇に近い値になりますね。

これに対して、産業内貿易があまり行なわれていない産業では、輸出Xか輸入Mのどちらかがゼロに近い数字になるので、式の分子は(X－(マイナス)X) (Mがゼロの時) か (M－(マイナス)M) (Xがゼロの時) になり、い

図表14　国別の産業内貿易の程度の推移

国	1959	64	67年
カナダ	28	35	48
アメリカ	40	40	49
日本	17	21	21
ベルギー・ルクセンブルク	53	60	63
オランダ	55	58	56
西ドイツ	39	42	46
フランス	40	60	65
イタリア	35	44	42
イギリス	32	40	69
オーストラリア	14	17	17
平均	36	42	48

（出所）Grubel, H.G., and Lloyd,P., Intra-Industry Trade (McMillan, 1975).

ずれにしろ式はゼロに近い値になります。

一国全体の産業内貿易の程度を見たい時には、各産業について求めた指標を、各産業の貿易量などをウエイトにとって全体としての平均を求めればおおよその規模を計算することができます。こちらの表からもわかるように、すべての国において産業内貿易の割合が高まっているのです。

生徒　それは生活していて実感としてわかります。たとえばワインが飲みたいと思えば、今日はイタリアワイン、明日はカリフォルニアワイン、明後日はオーストラリアワインと、選択肢はどんどん増えてきています。家の中を見回せば、リビング、寝室、キッチンどこにも外国製のさまざまな家具や道具があります。私たちは、そうやっていろいろな国のものを消費することにある種の喜びを感じているのだと思います。

伊藤　そうですね。そのことにどれだけの価値を見いだすかは個人の価値観によるのでしょうが、貿易という側面から見ると、人々のそうした消費感覚と産業内貿易が増大している状況がリンクしているのは確かですね。

その時に、金融のように情報で世界を飛び回るものとは違って、貿易は物の移動に費用が付随するわけですから、やはりできるだけ輸送費のかからない距離の近いところから輸入しようという意思が働きます。そうなると、距離が遠いか近いかという条件が、貿易において非常に重要な要件になっていくのです。

私、三年くらい前にチリのカセロネス鉱山に行ったんです。チリで初めての日本資本一〇〇％の銅山で、地上四〇〇〇メートルという高地にあって、行くと素晴らしいところなのですが、日本から移動するのに乗り換えも含めて三〇時間くらいかかるんです。帰ってきたら、もうこれで五年は行きたくないなと思ったりするわけです。距離はとても負担になります。一方、台湾や上海で会議があるというと、気軽に一泊で行って帰ってくることができます。このように、人や物が移動し、しかも費用が付随するとなると、必ず少ない距離を選ぶ傾向が生じてきます。

日本にどんどん外国人観光客が増える理由

生徒　アベノミクスでは観光立国戦略が打ち出されていますが、人が直接移動する観光業では、グラビティ・モデルが相当に効いてくるのではないでしょうか。

伊藤　二〇一二年に第二次安倍内閣が発足して、外国人旅行者を「二〇二〇年二〇〇〇万人」という目標が掲げられた時、当初はとても無理だろうと皆思っていたんですね。ところが、ビザの緩和策や円安効果もあり、観光客の数は順調に伸びてきて、二〇一五年は年間で一九〇〇万人を突破しました。このまま推移すれば「二〇二〇年二〇〇〇万人」という目標は十分に達成可能となったことから、二〇二〇年の目標を三〇〇〇万人に引き上げました。こうして観光を振興することが日本経済にとって有効であることは間違いありません。

ただ、先日スペインに行って驚いたのですが、スペインの年間外国人観光客数は六八〇〇万人なのだそうです。人口約四六〇〇万人の国でですよ。約六六〇〇万人の人口のフランスも、外国人観光客は年間約八三六〇万人です。実に人口よりも多くの外国人が観光にやってくるということです。

調べてみると、ヨーロッパの主要国には、海外から軒並み四〇〇〇万人前後の観光客がやってくることがわかりました。そしてその大半はヨーロッパ人なのです。学生のバックパッカーにしても、高齢者の保養にしても、イタリア人がフランスやドイツに行き、スウェーデン人が寒い季節を南ヨーロッパの国で過ごすということです。各国にはさまざまなイベントがありますから、有名なイベントにはヨーロッパ中から人が集まってくるわけです。

アジアではまだそこまでの観光による人の行き来はないですね。ではなぜ、ヨーロッパではこのように盛んな人の行き来が可能だったのか、それはヨーロッパ人の所得水準がそれだけ高かったからです。

生徒　ということは、アジアではこれからそういう時代が来るということでしょうか。

伊藤　すでにその方向にどんどん向かっています。中間所得層の数がものすごい勢いで増えていますから、海外旅行熱はさらに上昇していくと考えられます。ある統計では、過去一〇年でアジアだけで中間所得層と富裕層の数が約八億人増えている。そしてここから先は推計ですが、この先一〇年の間にさらに一〇億人増えるだろうといわれています。いまは中国が中心的存在ですが、今度はベトナム、インドネシア、インドといった国が主役になるかもしれません。

ヨーロッパに比べてアジアの人口ははるかに多いのですから、それぞれの国が成長とともに経済的規模を拡大していけば、グラビティで引っ張り合う力はさらに増していくと考えられます。

これから日本の輸出品の花形になるのは何か

生徒　観光はたしかに今後伸びていくでしょうけれども、実際の物の貿易は観光とは別だと思います。産業空洞化が言われるように、日本企業が海外での現地生産を進めていき、同時に新興国の生産力が伸びていくことを考えると、日本の輸出は先細りになってしまうのではないかという不安があります。

伊藤　これから一〇年、二〇年、三〇年先を見た時、そういう感覚は多くの日本人が抱くのではないでしょうか。日本は人口減少社会ですから、生産人口が減り続ければ生産力も落ちていきます。したがって輸出も減るだろうと、これはある意味常識的な議論です。

しかし、グラビティ・モデルから考えると、日本の輸出はものすごい勢いで増えていくはずなのです。というのは、日本と中国、韓国、マレーシアは距離も近いです。しかも、質量という意味でそれらアジアの国々の国力はこれからさらに伸びていくでしょう。距離も近いアジアの新興国への輸出は、それらの国の経済成長が続くかぎり増えていくと考えられます。

それを裏づける一つの傍証があります。

ドイツと日本を比べてみると、現時点でドイツは輸出も輸入もGDPの三五%~四〇%であるのに対し、日本では輸出も輸入もGDPの一五%ほどしかありません。その差は何によるかというと、ドイツには周りにフランス、イタリア、北欧、あるいはスペイン、イギリスといった大国が昔からあったからです。

ひるがえって日本は、いまは経済大国となった中国も二〇年前は現在の八分の一の規模でした。他の国はもっと小さかった。ですから、日本の輸出はかつてはもっぱらアメリカやヨーロッパの国々を相手にしていたのです。グラビティ・モデルからすれば、距離がとても遠いところにコストやリスクを負いながら輸出していたので、自動車やエレクトロニクスのように高付加価値のものしか輸出できませんでした。紙オムツや整髪料のような日用品は、欧米に輸出できなかったのです。

ところが、この一〇年、二〇年でアジア諸国の所得がどんどん増えてきて、グラビティが働くようになり、これからもこの傾向は続くと考えられます。そうであるならば、これから五年後、一〇年後、二〇年後と、時間の経過とともに、日本からアジアへの輸出品は、これまでとはずいぶん違ったものになるだろうと考えられます。自動車がどんどんアジアに輸出されるということは、もはやあり得ないでしょう。

では、今後アジアへの輸出の目玉になっていくのはどのような産業、商品でしょうか。すでに日本の貿易構造のウエイトは、三つの分野に移ってきています。

一つがこれまでも出てきた**消費財**です。

二つ目が**中間財・資本財**。

そして三つ目が**サービス**。

いずれもかつての日本では重要な商品ではなかったものです。それらが、これからの日本の輸出品の花形になるということです。

生徒　消費財については、日本の化粧品など、アジア市場で高い評価を受けているものがありますね。

伊藤　幸い、アジアはいま中間所得層が急激に増えていますので、消費財に対するニーズは高まる一方です。さらにラッキーなのは、日本は消費財においてはアジアのなかで圧倒的に優位なのです。

図表15　iPhone 6 の部品供給メーカーの例

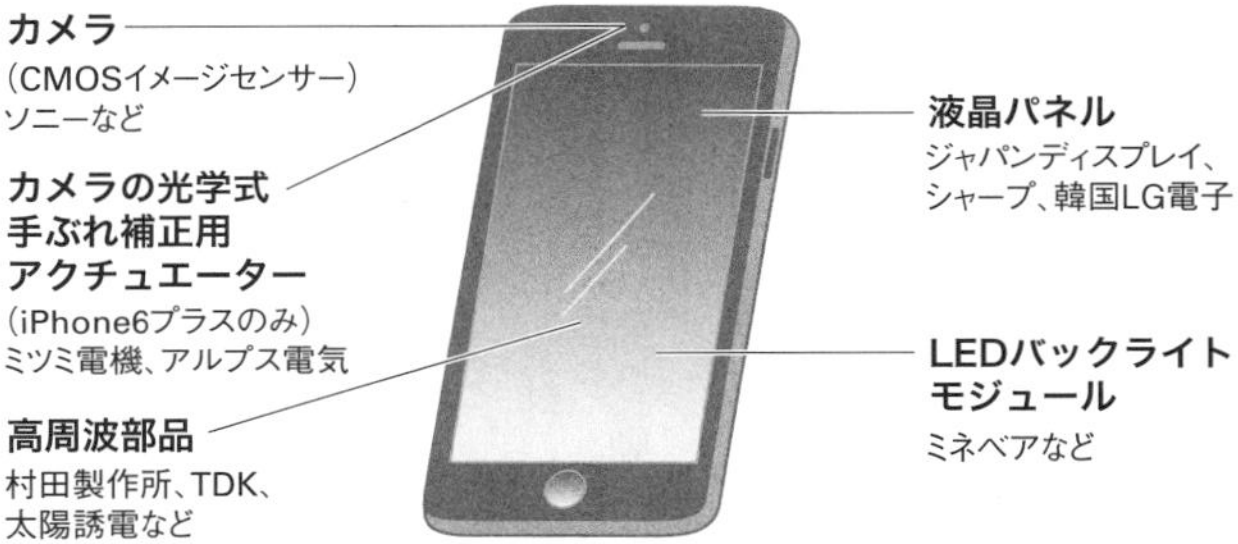

（出所）日本経済新聞電子版2014年9月15日を元に編集部作成。

重要なのは、中間財・資本財です。自動車の部品をはじめとする中間財・資本財は、国境を越えた分業がますます進展していきます。日本には、日本の国内でしか作ることのできない高級な素材がたくさんあります。iPod や iPhone の中に入っている電子部品がその典型です。あるいは鉄道関連でも日本は高い技術を持っていて、中国の電車は日本メーカーの車輪・車軸がなければ走ることができないそうです。

日本の自動車メーカーが中国やインドに工場を移してしまうと、日本からの輸出が減るかといえば、現実はそうではありません。自動車を作るために必要なのは原材料や部品だけではないんです。硬い金属を削る工作機械、溶接用のロボット、あるいは高度な半導体を組み立てる設備、これらは日本の製品が使われている。ある経営学者が中国での自動車生産のすべてのプロセスを調べたところ、全体の約三〇％は日本の中間財・資本財が使われているという計算結果になったと発表していました。三〇％ということは、日本で一〇万台作って完成車として輸出するのと、中国で三〇万台作ってそのための中間財を日本から輸出するのでは、日本からの輸出量はあまり変わらないということになりますね。

流行りの言葉で言えば、いわゆる国際的な**グローバル・バリューチェーン**が展開しているのです。一つの製品が原料から部品生産、組み立てにいたるまでのプロセスで、いくつもの国の間で、原料、部品が移動するケースもいまや少なくありません。

三番目はサービスです。これは日本からの輸出品として今後とても面白い存在になっていくと思います。アジアに出ていくうえでは大きなチャンスになっていくでしょう。たとえば外食産業はいま、中国や台湾で非常に伸びています。それから、保険業や銀行業も人口が減っていく日本ではもう限界がありますから、早晩アジアに出ていくことになるでしょう。現在はさまざまな規制がありますが、そこは自由化をどう進めるかが今後の課題になっていくのではないでしょうか。

小売業も少しずつ芽が出始めています。東京大学でも、ニトリから寄付金をいただいてニトリ講座を開設しました。ニトリやダイソーはアジア展開をものすごいスピードで進めています。

アジアと国内

伊藤　ニトリの社長とダイソーの社長が、面白いことを言っていました。ダイソーでは、メイソンジャー風のジャー「ドリンキングジャー」を一〇〇円で売っていて、これが若者を中心に大人気なのだそうです。

学生が、ダイソーの社長に質問をしました。

「あのジャーを一〇〇円で売っていますが、コスト割れしていないのでしょうか」と。ダイソーの社長が何と答えたと思いますか。

「コストいくらでこれを作るかなどとは考えない」と言うのです。

「これを一〇〇円以下で作るには、何個作ればよいかと考える」というのが社長からの答えでした。発想が壮絶です。小売りの世界はもうそこまできているのです。

ニトリの社長も「うちも同じです」と言っていました。値段はいくらにしたらいいかなどと考えないというのです。しゃれたコップの六個セットがデパートでは五〇〇〇円で売られているとする。ではこれを一二五〇円で売るためにはどうやって作ったらいいかと考える、というのです。

生徒　コストを見て価格を決めるのではなくて、価格を決めてそのうえで調達を考えるというスタイルに変わってきているということですね。アジアの調達がものすごい勢いで膨らんでいるのもうなずけます。

伊藤　先の本（『日本経済を「見通す」力』）でも紹介しましたが、一九九〇年代はじめ、友人の香港の大富豪に招かれて、彼の経営する二つの縫製工場を見せてもらいにマニラに行きました。一つはウォルマート向けの縫製工場で、行ってみると、工場中がミッキーマウスのパジャマ。ものすごい分量のミッキーのパジャマを縫製していました。もう一つの工場では、あちこちにいろいろな種類の製品があって、それらは日本向けで、デパートに商品を卸しているオンワードやレナウンなどのアパレルメーカーや、イトーヨーカドーやイオンなど量販店向けの製品だと言っていました。

　ウォルマートでは商品アイテム数を削って、種類は少ないけれどボリュームを多く作って、アメリカ全土に広がる二千数百店舗に一気にばら撒くのです。一店舗で一日何百着と売れるわけですから、仮に一店舗で五〇〇着売ったとして二〇〇〇店舗あると、それだけで百万着になります。そうすると、一〇〇円コストを安くできたら一億円のコスト削減になります。

一方、日本の問屋さんやアパレルメーカーが日本で扱うロットは、一アイテムせいぜい一万とか二万といった数だったと思います。そうすると、一着あたりのコストを一〇〇円安くしたところで、一〇〇万円〜二〇〇万円のコスト削減にしかなりません。社員が二、三回出張したらそれでコストは全部飛んでしまうくらいです。

つまり、貿易と国内流通には非常に深い関係があるということです。ロットをたくさん持てるかどうかの勝負になっていて、今後ますますこの傾向は強まっていくと考えられます。日本にアジアの製品がなかなか入ってこなかった理由もここにあります。ウォルマートのようにはロットが稼げないので、アジアに出て行く意味があまりなかったのです。わざわざ出て行って品質の面でリスクを負うよりは、国内で生産したほうが合理的だったからです。

しかしいま、ユニクロが行なっているビジネスモデルは二〇年前に私が見たウォルマートのビジネスと全く同じです。二〇〇〇店舗で、品ぞろえをものすごく集約するというやり方です。ロットが命で、それが現地生産でのコストを規定し、それが日本の流通価格にも転嫁する。

このような商品は今後増えていくでしょう。

国際貿易を見る目が大事なのは、そういう国内の動きとグローバルな動きが直結しているからです。

第五講義

中国は〝先進国〟になれるか？

一　BRICsをめぐる国際資金フロー

「BRICs」は九・一一によって生まれた

伊藤　この講義も最終回となりました。今回は、中国をベースに新興国の発展のプロセスと、その発展にともない起きている国際経済の問題について考えてみたいと思います。BRICsや新興国への資金の流れがどのように変化しているのか、なぜそうした変化が起きているのか、これからお話ししていきます。

そして最後に時間の許すかぎり、地球気候変動をはじめグローバルな環境問題についても皆さんと議論したいと思います。環境問題はこれから国際経済に大きな影響力を持つテーマであることは確かです。

皆さんご存知のように、「**BRICs**」というのはブラジルのBと、ロシアのR、インドのIと、中国（チャイナ）のCです。この言葉ですが、二〇〇一年にゴールドマン・サックスの**ジム・オニール**という人が中心になって作られたものです。内容は、これからはBRICsの時代であり、その四カ国に加えアルゼンチン、トルコ、南アフリカ、インドネシアなど、新興国が世界経済を牽引していくだろう、というものでした。

実はオニールさんとは、ゴールドマン・サックスの日本でのセミナーで対談をしたことがあって、その時に私、どんな経緯でBRICsというコンセプトを考えついたのかと、個人的にお聞きしたんです。オニールさんの答えはこうでした。

「二〇〇一年九月にアメリカで九・一一のテロが起こり、世界中が悲痛な空気に包まれてアメリカを中心とするグローバル経済はこれから相当厳しい状況となるという悲観論が蔓延《まんえん》した。しかしゴールドマン・サックスはそう考えなかった、あるいはそう考えたくなかった。これからは新興国がどんどん伸びて世界経済を引っ張っていくはずであり、グローバル経済についても悲観する必要はない。未来はむしろ楽観視してよく、いよいよ新興国に注目すべき時がきたのだ」と。

そうしたメッセージを世の中に広めようとして、自分たちはBRICsという言葉を考案し発信したというのです。

生徒　たしかにその後、BRICsはじめ新興国は大きく成長しました。ただ、リーマンショック以降その成長は鈍化したように思います。

伊藤　そうですね。ＢＲＩＣｓについて振り返ると、二〇〇〇年時点では、ブラジル、ロシア、インド、中国などの新興国の世界全体に占めるシェアは二〇％程度でしたが、二〇〇七年には三四％まで拡大しています。結果的には、ＢＲＩＣｓというキャッチフレーズに込められた新興国が世界経済を牽引していくという予測は当たったことになります。

ただ、いまご指摘のあったように、二〇〇八年のリーマンショックを境に、まずブラジルが成長率を落とし、続いて資源価格の下落とともにロシアが厳しい状態に陥ります。インドは潜在的には成長する可能性を持ちながらも、国内には難しい問題がたくさんあってなかなか成長路線には乗れない。中国だけは例外なのですが、他の国々はどこもそれまでの成長の勢いが色あせてくるんです。

そうした変化が明らかになるにつれ、二〇一〇年あたりから、ＢＲＩＣｓブームへの批判の声が出始めました。その急先鋒が**ルチル・シャルマ**というモルガン・スタンレーのエコノミストでした。彼は『ブレイクアウト・ネーションズ』（ハヤカワ・ノンフィクション文庫）という著書のなかで、「新興国の急成長の時代が終わり、各国の成長スピードは次第に鈍化している」ことを提起しました。新興国は二〇〇〇年から二〇〇七年までを見れば大きく成長しており、その後もまだ成長が続くかのように思われがちだが、五〇年くらいの長いタイムスパンでみると、新興国のシェアはあまり変わっていない。シャルマはそのことをさまざまな統計の数字を示しながら明らかにしているのです。

この本が出版されて以降、新興国の成長をめぐっては論争がずっと続いています。二〇〇〇年あたりを転機として経済のグローバル化が急速に進展する波に乗じて、新興国が成長する新しいトレンドが生まれたという理解が正しいのか。いやそうではなくて、二〇〇〇年から二〇〇七年の間に何か異常なことが起こり、その結果として新興国が伸びたに過ぎず、その伸びは一時的なものだと考えるのが正しいのか——。

これまでの議論を見るかぎりでは、新興国が永遠に成長する見方はどうも正しくなさそうだという方向で議論が進んでいます。

BRICsブームはなぜ起こったのか

生徒　では、ＢＲＩＣｓの二〇〇〇年から二〇〇七年の間の急成長は何だったのでしょうか。

伊藤　そうですね、新興国の成長が一時的なものだったというのであれば、なぜその時期にあれほどの成長を果たしたのかが問題になりますね。

その理由として、最もわかりやすいのは次のような説明です。アメリカで**グリーンスパン**FRB議長（第一三代FRB議長・在任一九八七年～二〇〇六年）が、歴史的な低金利政策に舵を切り、金融緩和を継続しました。その流れを受けて、先進国はどこも、ものすごい金融緩和を遂行していきました。日本もこの時期、ずっとゼロ金利政策をとっていましたよね。結果、先進国から大量のお金が世界中に流れていき、そのチャンスに乗じた途上国や新興国が急成長を遂げたという説明です。いかがでしょうか。

生徒　その大金融緩和政策で市場にお金があふれ、バブル経済が発生し、そのバブルが崩壊してアメリカではリーマンショックが起こったわけですね。

伊藤　そうです。そうした経緯を振り返ると、やはりこの時期は国際経済においてきわめて特殊な事情が生じていたのではないかという見方は納得できますよね。

シャルマは、さきほどご紹介した『ブレイクアウト・ネーションズ』のなかで、この時期の異常さをさまざまな数値で示しています。

たとえば、二〇〇四年～二〇〇五年にかけて、世界経済は人類の歴史のなかで最も高い率で成長しているんです。世界全体のGDPの成長率はこの時期に史上最高となっています。

世界一二〇カ国のデータをとってみると、この期間に成長していない国は三つくらいしかありません。三つの国といってもそれらはアフリカのテロ国家などで、そもそも経済成長の基盤を持たないような国ですので、そういった国以外すべての国が例外なくこの時期には成長しているといえる。そのような状態は、たしかに異常と見るべきだろうというのがシャルマの意見です。

そして、この時期の国際経済が特殊な状況下にあったと考えるならば、新興国に対する見方も変えなければならないというのです。

生徒　見方を変えるというのは、新興国の急成長は永続的なものではない、という見方が正しいということでしょうか。

伊藤　シャルマの議論は、新興国がもう成長できないと言っているわけではないのです。ある条件が整えば、途上国や新興国は急速に成長できる、しかし同時に、急成長すると必ずどこかで壁にぶち当たって多くの場合そこでクラッシュする——。これが過去の歴史で繰り返されてきたパターンであると、彼は説明しているのです。

歴史上繰り返される途上国の累積債務問題

伊藤　二〇〇〇年代のＢＲＩＣｓブーム以前にも、途上国経済の過熱から破綻へというストーリーは繰り返されてきました。たとえば一九七〇年代はメキシコ、ブラジル、アルゼンチンなど中南米の国々が急成長しました。この時もブラジルは「未来の国」ともてはやされ、途上国の成長モデルとして大きな期待を寄せられていましたね。人口が多く教育水準も高い、国内資源も豊富で政治も安定している、いいことずくめの国と思われていました。ところが、一九八二年に累積債務で破綻してしまいます。

この時のブラジルの破綻のきっかけは何だったか、皆さん覚えていらっしゃいますか。

生徒　アメリカが当時、深刻なインフレを退治しようと金融引き締め策をとって、急激に金利が上昇したため、アメリカから借り入れをしていた南米の国々にとっては、債務の金利がどんどん膨れ上がって、払いきれなくなってしまった。それで破綻に追い込まれていったという経緯だったと思います。

伊藤　そうですね、そのすべての発端は、一九七九年に**ポール・ボルカー**がＦＲＢ議長（第一二代FRB議長・在任一九七九年〜一九八七年）に就任したことでした。一九七九年という年は、国際金融にとって非常に重要な年です。この年、第二次オイルショックが起こり、アメリカではスタグフレーションが深刻化しました。スタグフレーションとは、経済の停滞とインフレが合わさった状態で、大インフレと高失業率にアメリカは悩まされていたんです。そのスタグフレーションを止める役割を果たしたのがボルカー議長でした。当時のマネタリスト、**ミルトン・フリードマン**の考え方の影響を受けながら、強力にディスインフレ政策を進めて、インフレを劇的に抑えることに成功しました。

短期金利を五％台から一気に二〇％にまで上昇させるといった大胆な金融政策を実施したんですね。私、ちょうどその年にアメリカでPh.D（博士号）をとって、初めて職についたのですが、給料をもらった銀行に預金すると預金金利が一五％もついたんです。アメリカってなんて素晴らしい国なんだと感激したことをよく覚えています。これはボルカーさんのおかげでもあったわけです。

一方で、このようにアメリカの金利がキューっと上がってしまったことで、とても困る人たちがいました。その一つが、ブラジル、メキシコ、アルゼンチンなど、ドルでお金を借りていた債務国でした。金利の急騰で返済ができなくなってしまったのです。そして一九八二年、大債務国メキシコが債務の返済ができなくなり（リスケジューリングを申請）、これが引き金となったかのように、ブラジルをはじめラテン・アメリカで十数カ国の債務国が次々と返済危機に陥っていきました。その後はご存知の通り、一九八〇年代にはこれらの国々はみな低成長で、一時はマイナス成長まで経験するという非常に厳しい状態が続きます。

このような途上国の累積債務問題は、過去にさかのぼれば一九三〇年代の世界大恐慌の時も、あるいはそれ以前も繰り返されてきています。しかし、一九八〇年代に入ってから顕在化した中南米諸国の債務問題は、規模の大きさと落ち込み方の深刻さにおいて前例のないものでした。

アジア通貨危機の特徴

生徒　中南米に続き、一九八〇年代末から九〇年代にかけて今度はアジア地域で成長のブームが起こり、その後タイバーツの暴落を機にアジア通貨危機が起こります。やはり過熱と破綻を繰り返すわけですね。

伊藤　そうですね、九〇年代には韓国、タイ、マレーシア、インドネシアなどが同じように深刻な債務問題に直面するようになります。この時期になると、多くの国が金融自由化を推し進めていたものですから、アメリカや日本をはじめとした主要国の金融機関は、たとえばタイのファイナンスカンパニーに直接ドルや円でお金を貸して、それが現地通貨に替えられて投資されるといった資金の流れが加速していったのです。

こうした海外からの資金は、九〇年代に入ってアジア諸国にブームを引き起こしました。タイのバンコクやマレーシアのクアラルンプールなどの都市ではビルの建設ラッシュとなり、都市の姿は短期間のうちに大きく変わりましたね。九〇年代のはじめ、アジアはこれからずっと成長していくと言われていました。

しかし、第三講義でも議論したように、たとえばタイのファイナンスカンパニーはドル建てで巨額の資金を海外から調達して、それをバーツに替えて国内で貸していたのですが、資金の流入が減少し始めると、ドルにペッグ（固定）していたバーツに対して、為替レート引き下げの圧力がかかるようになりました。最初のうちは固定相場を維持するために政府・中央銀行が手持ちの外貨を市場で売却してしのいだものの、その介入資金もやがて底を突き、通貨の暴落が起こってしまったわけです。この時もやはり、ハイペースの経済成長がずっと続くというのは幻想に終わってしまいました。

生徒　発展途上の国が、アメリカや日本など先進国から資金を借りて、それを原資として経済発展に使って、ある程度の成長を果たした後にその資金を返すというのは、悪いことではないし理に適《かな》っていると思います。反面、アメリカの金融政策やドル金利の変化による影響が大きく、一旦ダメージを受けると一気に破綻へと進んでしまうのですね。

伊藤　話をＢＲＩＣｓに戻しますと、そうやっていろいろな国が伸びては破綻するという歴史のなかで、おそらく二〇〇〇年～二〇〇七年のＢＲＩＣｓブームにも特殊な事情があったと見るほうが間違いないとなるわけです。

この時期、資金はどこへ行ったかというと、三つの分野に流れていきました。

一つはエマージング、つまり新興国のさまざまな企業やビジネスに対する投資です。

二つ目が不動産。不動産については必ずしも新興国だけではなくアメリカでもこの時期にいわゆるサブプライムバブルが起きたのですが、やはり圧倒的に新興国の不動産に資金は流れていきました。

三つ目が資源、石油や鉄鉱石などです。

これらの分野に大量の資金が流れていき、三点セットで新興国が伸び、そしてふたたび歴史は繰り返すかのようにリーマンショック前後で破綻するのです。

この時代をもって一つの時代が終わり、もう一回新興国ブームを見直す形になると思います。少なくとも、新興国が世界経済を牽引していくのだとする見方は、しばらくは低調になると思います。

後ほど詳しく見ていきますが、これからの五年、一〇年の世界経済を牽引するのは、まずアメリカです。そこに日本が入っていけるかどうかわかりませんが、ヨーロッパはちょっと苦しんでいるけれども、いまの問題を解決すれば成長するチャンスは大きいといえるでしょう。

新興国ブームから、先進国が牽引する時代への転機がここでも起きているといえるのではないでしょうか。

二　ミドルインカムトラップのメカニズム

「中進国」とミドルインカムトラップ

生徒　シャルマの著書のタイトルは、『ブレイクアウト・ネーションズ』ですが、新興国のなかでも、成長していける国もあるということですよね。いったいどういう国が成長できるのでしょうか。
伊藤　それは重要です。まさに「ブレイクアウト・ネーションズ」はどこなのかという問題ですね。そこを見極めるためには、途上国と中進国を分けて考えることです。
生徒　途上国と中進国ですか。それらを分ける線引きは、どのような条件になるのですか。
伊藤　一人当たりのGDPが五〇〇〇ドルから一万ドルの間に入る国を中所得の国と考え、そこまで成長している国を中進国といいます。
　リーマンショック後の東アジアで最も成長した国は、中国を除くとインドネシアとフィリピンなんですね。インドネシアとフィリピンは、もともと所得水準が低く、しかも政治的に不安定でした。けれども、インドネシアはユドヨノ大統領の時、フィリピンはアキノ大統領の時に政治的に安定、市場開放も行なったため、その後急成長したんです。

このように途上国では、政治が安定して、マーケットがある程度開放的であることが重要になってきます。そういうところは、まだまだ成長するチャンスはあるわけです。北朝鮮のようにマーケットが閉ざされていたり、アフリカのように政情が不安定なところではまったく成長できません。

しかし、途上国から中進国に成長するのは比較的容易なのですが、問題は中進国から先進国へと成長しようとする過程で、「**ミドルインカムトラップ**」と言われるトラップ（罠）が待ち構えていることなんです。

生徒　ミドルインカムトラップという言葉は、最近よく耳にするようになりました。

伊藤　これはアジア開発銀行などがよく使う言葉です。

発展途上の国にとって、一人当たりのGDPが一万ドルを超えたとしても、さらに継続的に経済成長を続け、先進国の仲間入りをするにはきわめて高いハードルがあるという意味です。かつて日本はこの高いハードルを越え、シンガポール、韓国、台湾もその方向にきています。ミドルインカムトラップを克服できた国は、あまり多くありません。多くの中所得の国々は、ロシア、タイ、ブラジル、みなミドルインカムトラップにかかってしまっています。現在、中国がこのミドルインカムトラップにはまるのかどうか、世界中の注目が集まっています。

もともとトラップという言葉は、国際経済の世界では**「ポバティトラップ」**（貧困の罠）というように貧困の国の状況をあらわすために使われていました。貧しい国が成長しようとしても、たとえばアフリカの国であればマラリアをはじめ病原菌が多く子どもの死亡率が高く、生産性が上がらない。子どもたちを学校に通わせることもできず、人的資源にも期待できないので、ますます貧しくなる――ある種の悪循環に陥り、なかなか成長できない状況を指します。経済発展論の世界では、このポバティトラップをいかに克服するかが非常に重要な議論なのです。

ところが最近になって、ポバティトラップよりもミドルインカムトラップのほうが、よく使われる言葉になってきています。

継続的な成長を支える要素とは

生徒　なぜミドルインカムトラップに陥ってしまうのでしょうか。

伊藤　ミドルインカムトラップという現象については、まだ学問的な根拠として示せるものはあまりなく、きちっと分析しなければならないといわれています。

ただ、よくある議論は、以下のような解釈が成り立つのではないかというものです。まず、式（図表16）を書きますね。

成長率はＧＤＰの伸び率です。では、ＧＤＰの伸び率はどのような要因によって高くなったり低くなったりするでしょうか。それを示した式です。

この式の意味は、資本や労働が増えればＧＤＰも増えていくだろう、その時の伸び率は、資本の伸び率と労働の伸び率の加重平均になるということです。

生徒　ＴＦＰというのは何ですか。

伊藤　**ＴＦＰ**は total factor productivity すなわち**全要素生産性**といわれるもので、資本や労働が増えること以外の理由の成長がここにすべて入ってきます。つまり、資本の増加や労働の増加という範疇では説明できない要素です。

生徒　資本投入と労働投入以外の理由で成長するというのは、どういう場合のことでしょうか。

伊藤　生産活動には通常、労働力以外に、建物や機械設備や原材料が必要ですね。そういうものの技術革新や生産効率の改善、業務効率の改善によって、新たに資本や労働力が投入されなくても生産性が上がり成長するということがありますね。

たとえば、先日、私、帯広へ行って畜産農家のお話を聞いてきたんです。

いま、畜産農家はどこも従事者の高齢化が進み、中小の農家は経営が厳しい状況にあります。廃業するところも出てきており、そういう弱小農家が手放した農地を大きな農家が買っていくという流れとなり、五〇ヘクタールとか七〇ヘクタールといった大規模な畜産農家が出てきている。ニュージーランドのようなものすごく効率的な畜産が営まれるようになっているというのです。結果、畜産業の再編が起こり、北海道の畜産の能力はかなりの勢いで高くなってき

図表16　成長方程式

GDPの伸び率＝
資本投入の伸び率からの成長分＋
労働投入の伸び率からの成長分＋
TFPの伸び率

ているというのです。

こうした変化は、全体として資本が増えているわけでもなく、労働力が増えているわけでもないのですが、先ほど言った技術革新や生産効率の改善、業務効率の改善によって成長がもたらされていることになります。

生徒　なるほど。ではＴＦＰというのは、技術進歩の進捗率といったものもそこに入るのですね。

伊藤　そうですね。いまの日本経済にとっては、このＴＦＰは非常に重要です。今後資本はそれほど増えていかない、また労働はむしろ減少していくというなかで、それでも成長率二％を達成可能なのかという議論になった時に、このＴＦＰが重要になってくるのです。

経済成長の決定要因がこのように労働と資本の増加（投入）だけでなく、技術革新による生産性向上も関わっていることを、統計的なデータとともにきちっと示したのは**ロバート・ソロー**というＭＩＴ（マサチューセッツ工科大学）教授です。彼はこの経済成長に関する**ソローモデル**でノーベル経済学賞をとりました。

彼の大きな貢献は、戦後の日本やドイツ、アメリカも含め主要先進国はみな大きく成長したのですが、その中身を分析すると、資本と労働の増加によるものは全成長の半分程度だと示し、残りの半分はその他の部分、すなわちＴＦＰによる成長であると明らかにした点でした。

たとえば、五％成長を遂げている国を見てみましょう。労働と資本は二％程度しか増えていないとすると、残り三％はＴＦＰということになります。ソローモデルが発表されるや、さまざまな国の経済成長がソローモデルで分析されました。すると、戦後大きく経済成長した先進国のなかで、例外的にＴＦＰの部分がほとんどない国が見つかりました。どこだかわかりますか。

生徒　ロシアですか。

伊藤　正解です。当時のソビエト連邦でした。

旧ソ連と新興国の成長には共通点がある

伊藤　一九四〇年代、五〇年代、ソ連は輝いて見えました。一九六一年には世界初の有人宇宙飛行を成功させ、ガガーリン少佐の「地球は青かった」という言葉が全世界に広がりましたね。成長率も非常に高く、社会主義国が輝いて見えていました。

ところが、あるアメリカの経済学者がソビエト連邦の成長の中身を調べてみると、ほとんどが資本と労働力の投入で説明できてしまうことに気がつきました。バターより大砲の国ですから、消費財（消費を目的として家庭に需要とされるような財やサービス）より資本財（商品生産のために用いられる生産物や機械類など）がどんどん作られて、資本増加の部分が膨れていたことが一つ。それから、労働力に関しても、家でボルシチを作っているお母さんまで工場に引っ張り出して物を作らせていたので、労働力もぎりぎりまで投入されていました。ですから、莫大な資本と労働が投入され、それだけで十分に高い成長を維持できていたのです。

生徒　つまり、投入された資本と労働力から推し測れば、当たり前の成長率だったということですね。

伊藤　では、旧ソ連のような資本と労働の投入だけによる成長と、西側先進国のような資本と労働以外の部分が半分というような成長は、どのような違いがあるでしょうか。

生徒　資本と労働は、永遠に増え続けることはないですから、それらが枯渇したところで成長が止まってしまうのではないでしょうか。

伊藤　その通りです。ソローモデルでは、TFPのない成長はいずれ止まるだろうという予測が立つのですが、旧ソ連においては、その予測が当たってしまうわけです。

さて、成長率に関する説明が長くなりましたが、ここでもう一度ミドルインカムトラップについて考えてみましょう。

なぜミドルインカムトラップのような現象が起こるのか。

先ほどアジア通貨危機の話をしましたが、タイやマレーシア、インドネシアなどアジアの国々が急成長しているさなかに、アジア通貨危機を予告する論文を発表した人がいました。**ポール・クルーグマン**というアメリカの経済学者です。彼もノーベル経済学賞の受賞者です。

クルーグマンは、一九九四年に「フォーリン・アフェアーズ」という経済誌に、「アジアの奇跡という幻想（The Myth of Asia's Miracle）」という論文を投稿し、そのなかで東アジアの成長は本物ではないかもしれない、早晩頭打ちになる時がくると言い切りました。この論文は、**アルウィン・ヤング**という同じくアメリカの経済学者の研究をもとにして書かれたのですが、ヤングの研究というのは、アジアで成長している国にはほとんどＴＦＰの部分がないことを明らかにしたものでした。

考えてみればそれもそのはずで、海外からどんどん資本が投下され、労働力においては、当時のアジアでは小学校しか出ていない人が中学に行き、中学しか出ていない人が高校に行き、高校しか出ていなかった人が専門学校に行くというように、量だけではなく質的にも強化されたのですから、アジアが成長するのは当たり前だと。成長の中身を分析しても、そこには技術革新や生産・業務の効率化は何もないと、ヤングは発表したのです。

この研究を引用してクルーグマンは先ほどの論文を書いたのですが、当時ものすごい反発を食らいました。実際に目の前でアジアは成長しているのだから、否定しようがないだろう、アジアは無敵だといって、厳しい批判を受けました。

いまでも覚えていますが、当時、日銀の元理事が私に向かって、

「やっぱり経済学者はダメだ。アジアを見れば成長しているのはわかるだろう。コンピュータ上で数式をこねくりまわしているだけでは経済はわからない」

と言ったんです。それから三年もしないうちに、タイバーツの暴落が起こり、アジアは危機的状態に陥っていきました。見事にクルーグマンの言説の通りになったわけです。日銀の元理事の言葉を反芻しながら、私は思いました。「やっぱり日銀はダメですね。現場感覚に頼りすぎて、経済の大きな流れを見ていない」と。

さて、この事実がミドルインカムトラップとどう関係してくるかを考えていただきたいと思います。

発展途上の国は、ミドルインカムまでは資本と労働の投入で行けるんです。資本を増強し

設備を拡充して、労働力をスキルアップして教育していけばいい。

しかし、ミドルインカムを超えて成長するためには、技術革新を生み出し、新しいビジネスを創出したり、産業を革新していくことが必要なのです。すなわち、ＴＦＰを引き上げることができるかどうかで、新興国ないしは中進国が先進国へなれるか否かが決まるということです。残念ながら、それを実現している国は非常に少ないということです。

三　中国のたどる道

改革開放政策と中国経済

伊藤　ではここからは中国の話をしましょう。中国経済をどのように考えたらよいのか、いくつかの視点から見ていきたいと思います。

中国経済にとって、一九七八年が非常に重要な転機でした。

この年の一二月、**鄧小平**は**改革開放**政策を中国共産党第十一期中央委員会第三回全体会議に提出します。そうして中国は国内体制の改革および対外開放政策へと大きく舵を切り、その後一〇年ほど中国経済は高い成長を果たします。

改革開放政策は、同時に中国社会にさまざまな矛盾を生み出しました。農村部と都市部、沿岸部と内陸部では経済格差が拡大し、インフレや失業も目立つようになります。共産党指導部に対する不満が高まり、一九八九年には天安門事件が起こり、改革開放は一時中断を余儀なくされました。しかし事件から二年ほど経った一九九二年年初に、鄧小平は深圳、上海など南部の都市を視察し、もう一回改革開放による経済の建設に出ることを宣言します。**南巡講話**と呼ばれるこの宣言以降、中国は四つの改革を断行していきます。

第一に製造業を徹底的に活用すること。

第二に輸出主導による経済成長を目指すこと。

第三に低賃金労働を利用した労働集約型産業を活発化すること。

第四に外資企業の積極的な誘致。

これらを合わせると、外資系、とくに製造業の企業を誘致して、中国の潤沢な労働力を利用した大規模な製造拠点を回し、その製造業で作ったものをガンガン海外に輸出することで経済成長を実現しようということです。

実際に、二〇〇〇年になると中国の輸出の約六〇％が外資系企業のものになります。こんな国は世界中見ても、香港やシンガポールのような小さな国は別として、他に例がありません。中国の経済成長が外資系企業に大きく依存した成長であることがわかります。

生徒　関税についても独自の政策を実行していきましたね。

伊藤　関税は、二重関税と呼べるようなシステムを導入しました。進出してくる外国企業に対しては、輸出入関税の免除という優遇措置を実施しました。そのかわり、中国の工場で作った製品は全部輸出することが条件です。他方で、中国国内のマーケットについては、徹底的に保護する。中国国内で物を売ろうとすると、他の途上国並みの高い関税をかけて関税でブロックされる仕組みです。非常に恣意的ですが、それによって外資系の企業をどんどん引っ張るという政策は成果を上げていきました。

中国の経済成長下での不思議な現象

伊藤　ところで、同じ社会主義から市場経済への転換で、ロシアがうまくいかなくてなぜ中国がうまくいったか、どのような説明ができるでしょうか。

生徒　中国では、農村部の膨大な労働力が経済成長を支えたということが第一にあげられると思います。

伊藤　そうですね。ただし、そこで重要なポイントは、「農村部の」という点なんですね。どういうことかといいますと、先ほど、一九四〇～五〇年代の旧ソ連の経済成長の話をした時に、「家でボルシチを作っていたお母さんまでもが工場労働者になっていった」と言いましたが、当時は超大国の名の通り多くの人口を擁していたソ連ですから、その豊富な労働力を生かして巨大開発を進めていったという点では、改革開放後の中国と同じなのです。

ところが、ソ連では、市場経済への転換の時点ですでに製造業のウエイトが大きく、多くの労働者は工場で働いていました。ここが中国と決定的に違うところなのです。しかし、当時のソ連の工場はきわめて非効率的な工場で、これを近代的な工場に変えることは不可能でした。

これに対して中国では、鄧小平が改革開放をした時点では、人口の八割から九割は農村で貧しい生活をしていました。その無垢な労働者を街へ連れてきて、外資系の企業が建てた最先端の工場で働かせたのです。貧しい農民と外資系企業の工場という組み合わせが、中国経済発展のポイントです。その組み合わせによって、きわめて効率的な生産を最初から実現することができたのです。

これが一九九〇年代の中国の成長の基本的なトレンドです。

生徒　いずれにしても、中国の経済成長は、歴史的に見ても特殊な経緯をたどっているということですね。

伊藤　したがって中国の経済成長には、普通の国と違い、非常に不思議な現象がいくつか見られます。

一つは、急成長している国はたいていの場合貿易収支は赤字になるのですが、中国では不思議なことに成長率が高い時の貿易収支は黒字になっていました。理由は簡単で、中国の経済成長を支えているのが輸出だからです。輸出が伸びればそれが成長となって、結果的に貿易が黒字になる。これが中国経済の特徴的なところです。

もう一つの特徴は、あれだけの高度成長をしていながら、常に失業問題に苦しんでいるという点です。高度経済成長と失業問題が裏表の関係にある。これは、田舎にたくさんの労働者がおり、いくらでも労働力があるということにも関連するのですが、そうした豊富な労働力に対して、製造業は**雇用吸収力**が非常に弱いことが直接的な要因です。一般的にいって、日本の大手自動車メーカーと大手都市銀行では、どちらのほうが一〇〇〇万円以上の給料の人が多いと思いますか。

生徒　それは大手都市銀行のほうです。

伊藤　その通りで、圧倒的に銀行のほうが雇用の規模が大きいです。なぜかというと、製造業は大半の人は工場で働いており、オートメーション化でそれらの仕事はどんどん機械がやるよう置き換えられていっているからです。

中国では先ほども言ったように、外資系の企業を入れることで、国内工場の技術レベルを先進国並みにまで急激に押し上げたわけですが、それによって雇用は非常に難しい状況になりました。

皆さんご存知かと思いますが、中国政府はほんの数年前まで、一〇%成長をターゲットとしていました。なぜ一〇%かというと、これよりも低い成長率になると、失業者が増えて社会的安定が揺らぐからなんです。したがって、一〇%成長を維持することが中国の政治的なミッションでもあり、結果として、それが実現したわけですね。

ＷＴＯ加盟とリーマンショック後の失策

伊藤　二〇〇一年、中国にとってはたいへんラッキーなチャンスがめぐってきます。ＷＴＯへの加盟です。ＷＴＯもその前身であるＧＡＴＴも、前にもお話しした通り基本は先進国クラブですから、旧社会主義国は加盟していませんでした。それが、ウルグアイラウンドでＧＡＴＴがＷＴＯになったあたりから、旧社会主義国のなかでもＷＴＯに入りたいという国が出てきて、中国も当然のことながら加盟を望んでいました。

しかしＷＴＯに加盟するには市場を開放しなければなりませんので、当然のことながら中国国内で大きな論争が起こりました。日本がＴＰＰに参加するかどうかで大論争があったのと同じように、中国でも守旧派の人たちはＷＴＯに加盟して改革路線を進むことに反対でした。一方、改革派の人たちは、少し痛い目に遭っても自由化したほうがいいと考えていました。結局、自由化の方向に進み、ＷＴＯ加盟を果たしました。

中国の市場開放の方法は、たいへん巧みなものでした。まず、自動車や家電などを選別的に市場開放していきました。当初、政治的な手腕で中国市場に入っていったのがフォルクスワーゲンです。中国の高官はみなフォルクスワーゲンの関連メーカーのアウディに乗っています。街中を走るタクシーはフォルクスワーゲン・サンタナです。フォルクスワーゲン・グループ以外では当時、中国系アメリカ人が中国ビジネスのトップにいたＧＭも、中国に入り込んで地元企業と合弁事業を行なっています。

こうして中国が国内市場を少しだけ開けたという意味で、二〇〇一年の中国のＷＴＯ加盟は画期的なできごとだったといえます。それ以降、中国は時間をかけて関税を下げる路線に乗ったわけです。少なくともリーマンショックまでは、このプロセスが続きました。

では、中国はこのまま成功し続けるでしょうか。

さまざまな議論が行なわれていますが、中国のこれまでの急成長も、さきほどのソローモデルに照らし合わせると、やはり他のアジアの国々と同様に資本投入と労働力投入によるもので、TFPの部分がほとんどありません。中国の場合、田舎に行けば貧しい農民がまだ多数いるので、その人たちが農民工として都市で働くようになれば、労働力はさらに増えていくでしょうし、海外からの直接投資もありますのでしばらくは成長路線で行けると思います。しかし、いずれどこかで限界がくるだろうと思われます。

生徒　中国の人たちは、どのように考えているのでしょうか。

伊藤　私は、小泉内閣の中頃から六年間、新日中友好二一世紀委員会という日本と中国の民間のトップが集まって議論する会の委員をしていました。日本側の座長が富士ゼロックス会長（当時）の小林陽太郎さんで、中国側は鄭必堅《ていひっけん》さんという胡耀邦《こようほう》のブレーンの人でした。

二〇〇三年一二月に第一回会合が開かれて、その後、年に一、二回のペースで第八回（二〇〇八年一二月）まで開催されたのですが、その頃中国の経済人たちは、中国は日本に学ばなければならないと言い始めていました。

それはどういうことかとたずねると、日本も一九五〇年代はいまの（二〇〇〇年代の）中国と同じで、繊維業や新潟の洋食器など**労働集約型**の製造業が中心となって外貨を稼いでいた。

それが六〇年代に入ると、産業の主役は繊維や洋食器から、鉄鋼や造船、石油化学工業へと移り、労働集約型産業から資本集約型産業に変化していった。いわゆる重化学工業化という方向に舵が切られ、それにともない経済は輸出主導から内需主導へと変わり、国内のインフラ整備、道路や鉄道あるいは住宅の建設、さらには「三種の神器」といわれた洗濯機、テレビ、冷蔵庫などの製造が日本経済を牽引し、国民を豊かにしながら経済成長が続けられた。

これが六〇年代の日本の姿で、中国はいまこそそうした日本経済の成長に学ばなければならない——というのです。

おそらく、彼ら自身、中国の成長にどこかで限界がくると思っていたのでしょう。安い労働力も枯渇してきていましたし、労働集約型から資本集約型へと産業をシフトさせながら同時に輸出主導を内需主導に変えていくにはどうすべきかと、二〇〇〇年代の中国では真剣に考えられていたのだと思います。

生徒　日本企業の側にも、中国がその方向へ行くだろうという意識は当時からあったと思います。

伊藤　そうですね。二〇〇五年に北京に行った時、パナソニックの北京支社長がおもしろいことを言っていました。

「伊藤さん、中国は少し前までは最強の輸出基地でした。潤沢な労働力を使って海外へどんどん輸出する。ところが、ある時期から中国は非常に可能性の高いマーケットに変わってきました。国内需要が急速に増えるので、中国にどんどん物を売ることがチャンスになる。でもいまは違う、中国はもはや最強の輸出基地でも、ポテンシャルのあるマーケットでもない。競争の一番の中心地です。中国での競争に勝てない企業はグローバル競争に勝てない、彼らはそう言い始めています」

たとえば、当時、携帯電話の売上台数では、もう圧倒的に中国が世界一でした。ということは、中国市場でトップスリーに入れない企業は世界市場トップスリーになることはできないわけです。

生徒　実際、ノキアやサムスンが大きくシェアを伸ばすなかで、日本の携帯電話は中国では売れませんでした。それでガラパゴス化と言われましたね。

伊藤　中国政府のこのような見方が、海外の企業にも波及していって、なんとなく、中国市場は重要かつ、単に利益を上げるだけではなく、そこが最も厳しい競争の場なのだといった見方が広がっていきました。

ただ、これが大きな誤りだったことを、中国はのちに思い知ることになるんです。

二〇〇八年秋にリーマンショックが起こって世界中がどん底に落ちた時、中国はチャンス到来とばかりに温家宝《おんかほう》首相（当時）は実に四兆元の経済政策を実行するのです。四兆元とは当時のレートで日本円にして五七兆円に相当する金額です。このべらぼうな額を投じて、道路を作り、新幹線を作り、発電所を作り、住宅を整備し……、ものすごい投資をして内需の刺激を行ないました。これで一気に中国経済の成長を、次の段階に押し上げようとしたのです。

考え方によっては、これはケインジアンの政策ですね。景気が悪いから、政府がお金を使って需要を創出しましょうというものです。この政策が結局、中国の墓穴を掘ってしまったのです。

生徒　一時的には成功したかに見えました。リーマンショック後、二年目には、中国は世界のなかで最も早く回復した国として称賛されていましたから。

伊藤　そうですね、瞬間的に一二％という成長率を実現して、中国はすっかり自信を持ってしまったんです。これからはアメリカと伍して、さらにはアメリカを追い抜いて世界最大の強国になるんだと、変な錯覚をもってしまったのです。

何が起こったでしょう。

莫大な投資は、内需を促進するうえでは非常に有効で即効性があります。しかし、たとえば鉄鋼の高炉が次々と建設され増産に次ぐ増産を続けていけば、ある時から鉄の値段は下がっていきますね。当然のことです。しかし一度作った高炉を止めることは計画の失敗を意味しますから、止めるわけにはいかず、次々と買われるあてのない鉄鋼を作り続けるという悪循環に陥っていきます。実際に、中国からいま安い鉄がどんどん出てきて、日本でも新日鐵住金やＪＦＥが非常に苦しんでいます。

こうして中国は、自分で自分の首を絞めていくのです。要するに、投資をすればするほど、一時的には需要効果として景気を刺激するのですが、その投資に見合うリターンが出ないばかりか過剰設備となり悪循環から抜けられなくなります。道路にしてもあれほど縦横無尽に高速道路ができてしまうと、利用価値が下がるというかマージナルリターンが少なくなってしまいます。

リーマンショック後、一気に内需主導へシフトしようとした方針そのものはよかったのですが、そのために投資に走ったことが墓穴を掘る結果となりました。過剰な投資でバブルが起きてしまった。不動産価格がどんどん上がり、不動産のみならず株式市場にもバブルが飛び火しています。

皆さんご存知だと思いますが、中国の株式市場は機関投資家がほとんど入っていなくて、わかりやすくいうとそこは個人が博打を張る鉄火場になっています。買っていって上がったらババをつかむ前にパッと売ってしまう。銀行の貸し出しがどこへいったのかもよくわかりません。巷間言われているのは、その貸し出しのかなりの部分は、国有企業と地方政府に渡ったということです。それらが日本流にいえば相当に不良債権化して、二進《にっち》も三進《さっち》も行かなくなるという危機感のなかで政権交代が行なわれ、**習近平**政権がスタートしました。

サービス産業へのシフトの可能性

生徒　習近平指導部が掲げる経済の「**新常態**《しんじょうたい》**（ニューノーマル）**」政策で、中国は停滞から抜け出せるでしょうか。

伊藤　やろうとしていることは正しいと思います。

一つには、投資ではなく消費に資源を振り向け、消費の伸びによって内需を継続的に支えていくというもの。

もう一つはサービス分野への資源投入です。具体的には、金融、保険、ＩＣＴ、医療など。

サービス産業へのシフトがなぜ重要かというと、国民生活が豊かになるだけでなく、これによって持続的成長が可能となるかもしれないからです。製造業にくらべてサービス産業は雇用吸収力が強いので、製造業では一〇％成長しないと新卒の大学生の職を満たすのは難しいけれども、サービス業では六％、七％でも十分に雇用を満たすことができるという点で、期待がもてるわけです。

ただし、中国のサービス産業へのシフトについては、いくつか大きな懸念があります。第一に、サービス産業そのものの中に、まさにこのＴＦＰが増えるような自己増殖的メカニズムがなければ伸びていけないのですが、中国の多くのサービス企業は国営企業が依然として支配しています。国営企業は強い存在であると同時に問題も多い。外資系企業をほとんど締め出している状態なので、本格的にサービス産業へのシフトをするならば、次の二つのことをやらなければなりません。

一つは国営企業改革と市場開放です。これを同時にできるかというと、大きなクエスチョンがつきます。ただ、かつてＷＴＯに加盟するために相当頑張って自由化したという実績があるのでやるかもしれないとも言われています。

もう一つは消費の問題があります。消費のなかで重要なのは医療、年金、介護などが象徴的なのですが、やはり社会制度と深く関係している領域ですので、どこまで変革を進められるかは疑問です。規制緩和でできる部分と、医療など相当な制度改革を要する部分がありますので、時間がかかる問題です。

生徒　それは中国がミドルインカムトラップを超えられるかという問題ともリンクしてくると思います。マクロでは先生のおっしゃる通りだと思うんですが、もう少し小さく見ると、富裕層と貧困層の所得の分配のしかたが根本的に変わらないかぎりは、やはりミドルインカムの人たちが増える形にはならないと思います。体制としてそのあたりの整合性をどうするのかという問題は大きいのではないでしょうか。

伊藤　おっしゃる通りで、中国ではいまもやはり貧しい人が多いんですね。その人たちの消費が順調に増えていくようなバックグラウンドがないのも事実です。

一方で、中間所得層が増えていることも事実なんです。日本に来る観光客を見てもわかりますね。ただ、先ほど中国が日本の高度経済成長を学ぼうとしているという話をしましたが、一九六〇年代以降の日本における所得分配構造から見ると、いまの中国はかなり違う状況で、そこは大きな課題なのです。

そうした事実を踏まえて、いまの中国経済を見る時に気をつけなければならないのは、**ス**

トロングチャイナと**ウィークチャイナ**があるということです。ウィークチャイナは鉄鋼や石油化学、インフラ系で、先ほども高炉の例で言いましたが止めるに止められず非常に困っている分野があります。

他方、ストロングチャイナと呼ぶべき分野もあるのです。都市でいえば上海、産業でいえばＩＣＴあるいは金融のニュービジネスなどです。中国の強さは、その分野の人的資源が無尽蔵なのです。困ったことなのですが、中国から東大に留学してくる学生は、平均すると東大の日本人学生より優秀なんですね。それは能力の優劣というより、勉強するハングリーさや意欲による差が歴然と出てしまうのです。これは東大だけではなく、ハーバードやＭＩＴでも同じことが起こっていて、いまは中国の社会体制から這い出そうと必死になっていて意欲があるのかもしれませんが、彼らの高い能力は決して侮ることはできないと思っています。

サービス分野で本当に中国に可能性がないかというと、医療などの分野は厳しいかもしれませんが、ＩＣＴはむしろ中国が先に行く可能性は十分にあると思われます。とはいえ最後はやはり体制の問題がありますから、そこは冷静に見ていかなければなりません。

いずれにしても世界が注目しているのは、五年後、一〇年後を見通した時に、こうした方向に中国は軟着陸できるのかどうかということです。着陸できるとしても、ハードランディングが起こるかもしれません。その際に不動産市場や株式市場が暴落したらどうなるか。あるいは仮に重化学工業や製造業からサービス産業へのシフトが行なわれた場合、旧来の産業が集中している地域はたいへんなダメージを受けると考えられ、それを政府が政治的にカバーし切れるかどうかが問われます。

さらにはそうした事態を悲観して、資金を中国から引き上げるような困った反応が起こると、これは中国経済そのものに大きなダメージをもたらします。

中国はいま、このような大きなチャレンジに直面しているのです。

四　地球温暖化と国際経済

二つのアプローチ

伊藤　さて、最後に環境問題についても少し議論しておきたいと思います。気候変動の問題は、今後、大きな国際経済のイシューになるという気がしています。

二〇一五年一一月末にパリでＣＯＰ21という国際会議が開かれ、以下のような合意がなされました。

合意の要旨

・温室効果ガス排出量が速やかにピークに達して減り始めるようにする。今世紀後半には温室効果ガスの排出源と吸収源の均衡達成。森林・土壌・海洋が自然に吸収できる量にまで、排出量を二〇五〇～二一〇〇年の間に減らしていく。

- **地球の気温上昇を二度より「かなり低く」抑え、一・五度未満に抑えるための取り組みを推進する。**
- **五年ごとに進展を点検。**
- **途上国の気候変動対策に先進国が二〇二〇年まで年間一〇〇〇億ドル支援。二〇二〇年以降も資金援助の約束。**

地表の温度上昇を、産業革命の頃よりも一・五度未満に抑える取り組みを推進するのが目標に掲げられました。そのためにはどの程度の温暖化ガスまで許容できるかというと、たとえば自動車では、二〇五〇年までに車のCO_2の排出量を九〇%まで減らさないと対応できないという。とくに途上国、新興国で車がどんどん増えますから、その分を勘案すると、平均して一台あたり九〇%の削減という計算になるそうです。

ということは、もはやガソリン車は不可能ということですね。二〇五〇年には電気自動車かあるいは燃料電池に移行していなければなりません。その途中ではハイブリッド車などでしのぐのでしょうが、重要なのは、COP21で削減率の目標が設定されると、これまで営々と積み上げられてきた自動車産業の中核技術である内燃機関は、もう必要なくなってしまうということです。

生徒　相当にドラスティックな変革を迫られるということですね。

伊藤　これは一つの極端な例ですが、環境問題を議論する際に大事なことは、大きく二つあります。一つはどのように規制するかというアプローチと、もう一つはどのようにインセンティブを喚起するかというアプローチです。

規制のほうはエンジニアリング的なアプローチと言っているんですが、自動車の排気ガス規制、またCO_2規制、それを実現するためには石炭火力を低減し、一方で再生可能エネルギーを支援するといった議論で、日本を含め世界が注目しているのはほとんどがここです。

しかし、環境問題にはもう一つ重要な側面があるんです。それがマーケットアプローチです。**炭素税**が象徴的ですが、税金をかけるという話です。

そもそも石炭や石油や天然ガスを燃やすからCO_2が増えているのであり、したがってその行為に対して消費者がコストを感じるようにガソリン、石油、石炭など、外国から輸入する炭素燃料に税金をかけましょうというのが炭素税です。日本ではほとんどを輸入に頼っているので、炭素燃料を使ったものはガソリンだろうが、灯油であろうが、ベンジンであろうが、すべて税金の分が上乗せされているのです。

生徒　税金がかかるとなると、ガソリン車より電気自動車のほうが経済的だとか、自動車はやめて公共交通機関を使おうとか、あるいは遠くの大きな家に住むより都心の小さなマンションに住もうとか、いろいろな行動変化が起きますね。

伊藤　炭素税は、簡単に言うと、炭素燃料に税金をかけて価格を上げることで需要をおさえようという施策です。

その派生型がいわゆる**排出権取引**です。排出権取引は、それぞれの産業や企業ごとに、過去のデータなどから理想的な排出量を定めて、その範囲内での排出を認めるというものです。そして、それ以上にCO_2を排出するような経済活動をしたい場合は、他からその権利を買ってくださいという取り決めです。このような排出権の取引を通して、買いたいところにとっては炭素税のような形で負担となり、逆にCO_2削減を実現したところは余った権利を他に売ることで利益を得ることができます。

おそらく、地球温暖化対策におけるこれからの大きなイシューは、従来のようなエンジニアリングアプローチに加えて、こうしたマーケットアプローチの仕組みをいかにバランスをとりながらうまく運営し、CO_2削減を実現していくかという取り組みになると思います。

生徒　エンジニアリングアプローチよりも、マーケットアプローチのほうが効果があるということでしょうか。

伊藤　エンジニアリングアプローチの問題点は、技術革新により技術が変化していくなかで、その時々の技術に振り回されてしまうという非常に好ましくない面があるということです。

日本では、東日本大震災での福島の原発事故以前は、原子力発電を推進することによってCO_2を削減するという政策をとってきました。原発はCO_2を出さないという点では非常にクリーンなエネルギーですからね。

しかし、福島の事故で、原発にはクリーンであるという側面以外にさまざまなリスクの問題があると、日本人は感じました。そこで、民主党政権の時に、原発ではなく、今度は太陽光発電へと一気に方向転換し、ご存知だと思いますが**フィード・イン・タリフ**（固定価格買取制度）を施行して、日本中が太陽光ブームになりました。少々やりすぎたという感じでした。

このように、エンジニアリングアプローチでは、CO_2削減には原発がよいという判断や、その次に、原発ではだめで太陽光発電がよいという判断が、その時の技術水準や人々の行動と関係なく、まさに社会主義的に決められてしまうという点です。

それからもう一点、エンジニアリングアプローチの問題点は、すべての人を巻き込むことができないという点です。自動車業界をはじめとして企業は一生懸命頑張って省エネ対策をしている一方で、消費者のCO_2の発生については非常に業績が悪いという現実があります。このような状況に対しては、炭素税を導入することでいかなる人もその税金からは逃れられないという意味で、より真剣に省エネを考えるようになるでしょう。

さらに、炭素税によって炭素燃料を使わない技術や革新イノベーションへの投資が伸びて、研究開発へのインセンティブになる可能性も高い。

環境問題に関しては、将来を見すえて、規制のためのエンジニアリングアプローチでどこまでいけるのか、マーケットアプローチでどこまでいけるのかを、バランスを見ながら見極めていかなければなりません。

おわりに

　世界経済で起きることは、常に驚きの連続である。石油価格の暴落、チャイナショック、イギリスのＥＵからの離脱の国民投票など、テレビや新聞の報道が気になる人は多いはずだ。米国の大統領選挙と米国社会への影響、ＴＰＰの行方、移民問題の欧州政治への影響など、今後の動きを予想することが難しい問題も多い。

　こうした動きが、遠い国の話で終わればそれはそれでよいのだが、現実的には日本の経済社会に大きな影響が及ぶことが少なくない。円レートは海外での出来事に敏感に反応して、企業の業績を直撃する。イギリスの国民投票の結果は、同国に巨額の投資をしている日本のビックビジネスを不安にさせる。ＴＰＰを巡っては、国内で賛成と反対に議論が大きく割れて対立した。

国際経済学とは外国経済を知るためだけのものではない。国境を越えて動く人・モノ・カネ・企業などの動きを分析することで、日本経済のあり方を探る学問である。そして、いまの日本経済をより深く理解するためには、国際経済の視点が必須となっているのだ。

国際経済学というと、非常に難しい学問であると考える人も多いかもしれない。しかしこの本を読んでもらえれば分かるように、私たちの日々の生活に深く関わった問題を扱う学問である。きっかけさえ捕まえれば、面白く学んでもらえるはずだ。教室でのセミナーの会話の雰囲気を再現したこの本の手法は、多くの人に抵抗なく国際経済学の中心的なテーマに踏み込んでもらえるのではないかと考えている。

この本は慶應義塾大学が東京丸の内で開講している社会人向けのセミナーの内容を書籍にまとめたものだ。仕事が終わったあと夕方から丸の内に集まってのクラスであるので、参加者の方々はいずれも国際経済に強い関心をもっていた。クラスでのやり取りは熱をおびたものであり、そうした雰囲気が本書でも伝えられればと願っている。

経済現象を理解するためには、ストーリーを意識することが重要であると考えている。中国経済の変化を理解するためには、中国の国民が何に苦しみ、どのようなチャレンジをしようとしているのか、そして政府の意図が何であるのか。そのストーリーを知ることが重要だ。

国際経済を専門とする立場として、国際経済の現場を見ることが重要であるという実感をずっと持っていた。アジア通貨危機の時には、建設の止まったバンコクの街の光景を見て、書籍ではわからない危機の深刻さを実感した。ニューヨークの会議でＴＰＰに反対を叫ぶ関係者の声の大きさに、米国内の根強いＴＰＰへの反発を実感した。北京の汚れた空気に接するのが、中国の環境汚染の深刻さを知るベストな方法であると感じた。

こうした現場の感覚を読者に伝えることができれば、と常に考えてきた。ライターの田中順子さんは、前著につづいて、今回もクラスでの活発なやりとりをうまくまとめてくださった。慶應丸の内シティキャンパスの皆さんは、このセミナーの機会を与えてくださっただけでなく、見事なセミナーの運営をしてくださった。そして光文社の樋口健さんには今回もまた編集作業でお世話になった。この場をお借りして、皆さんにお礼を申し上げたい。

伊藤元重

伊藤元重（いとうもとしげ）
東京大学名誉教授。学習院大学国際社会科学部教授。1951年静岡県生まれ。東京大学経済学部卒。'79年米国ロチェスター大学大学院経済学博士号（Ph.D）取得。'96年より東京大学大学院経済学研究科教授。2016年より現職。専門は国際経済学。復興推進委員会委員長、安倍政権の経済財政諮問会議議員、JR東日本旅客鉄道株式会社社外取締役も務める。著書に、『日本経済を「見通す」力』（光文社新書）など。

どうなる世界経済《せかいけいざい》　入門《にゅうもん》 国際経済学《こくさいけいざいがく》

2016年10月20日初版1刷発行

著　者 ── 伊藤元重
発行者 ── 駒井　稔
装　幀 ── アラン・チャン
印刷所 ── 堀内印刷
製本所 ── 関川製本
発行所 ── 株式会社光文社
東京都文京区音羽1-16-6（〒112-8011）
http://www.kobunsha.com/
電　話 ── 編集部03（5395）8289　書籍販売部03（5395）8116
業務部03（5395）8125
メール ── sinsyo@kobunsha.com

JCOPY〈（社）出版者著作権管理機構 委託出版物〉
本書の無断複写複製（コピー）は著作権法上での例外を除き禁じられています。本書をコピーされる場合は、そのつど事前に、（社）出版者著作権管理機構（☎03-3513-6969、e-mail：info@jcopy.or.jp）の許諾を得てください。

本書の電子化は私的使用に限り、著作権法上認められています。ただし代行業者等の第三者による電子データ化及び電子書籍化は、いかなる場合も認められておりません。

落丁本・乱丁本は業務部へご連絡くだされば、お取替えいたします。
© Motoshige Itoh 2016 Printed in Japan ISBN 978-4-334-03951-6

824
結婚と家族のこれから
共働き社会の限界
筒井淳也
私たちは、いつから「夫・妻・子」のかたちにこれほど依存するようになったのか。結婚すること、家族を持つことが万人に難しい時代、社会学の視点で岐路に立つ現代社会を分析。
978-4-334-03927-1

825
グーグルマップの社会学
ググられる地図の正体
松岡慧祐
「見たいものしか見ない」地図――グーグルマップによって、わたしたちの世界は広がったのか？　社会は、よく見えるようになったのか？　新進気鋭の社会学者による、新しい地図論！
978-4-334-03928-8

826
恋愛障害
どうして「普通」に愛されないのか？
トイアンナ
「いつも短期間の恋愛ばかり」「モラハラや束縛を受けやすい」「自分にはいい恋愛なんて一生できないかもしれない」と悩むあなたの人生を変える、自尊心回復のための画期的エクササイズ。
978-4-334-03929-5

827
戦争の社会学
はじめての軍事・戦争入門
橋爪大三郎
人類の歴史は、戦争の歴史である。古代の戦争から現代のテロリズムまで、社会現象としての戦争を、世界史的・地政学的観点から縦横無尽に書下ろした12章。姜尚中氏、絶賛！
978-4-334-03930-1

828
物流ビジネス最前線
ネット通販、宅配便、ラストマイルの攻防
齊藤実
物流を制するものがビジネスを制する――。ネット通販ビジネスが拡大する中、各企業はどのような物流戦略を描いているのか。物流研究の専門家が、その現状と課題を読み解く。
978-4-334-03931-8

829
「その日暮らし」の人類学
もう一つの資本主義経済
小川さやか

「貧しさ」がないアマゾンの先住民、気軽に仕事を転々とするアフリカ都市民、海賊行為が切り拓く新しい経済……。世界の多様な「生き残り戦略」から、私たちの生き方を問い直す。

978-4-334-03932-5

830
医療探偵「総合診療医」
原因不明の症状を読み解く
山中克郎

専門化した医療の垣根を越え、トータルに診断して患者を救う「総合診療医」とは？　ＮＨＫ「ドクターＧ」にも出演した人気医師が解説。「信頼できる総合診療医」のいる病院リスト付き。

978-4-334-03933-2

831
忙しい人のための「自重筋トレ」
比嘉一雄

自分の体重だけを負荷にするシンプルかつ効率的な「自重筋トレ」の方法を、大学での「研究」とクライアント指導の「現場」を行き来する若手トレーナーがやさしく解説。

978-4-334-03934-9

832
前に進むための読書論
東大首席弁護士の本棚
山口真由

結果を出す、やり遂げるための情熱は、読書からしか得られない！――東大法学部を首席卒業後、財務省を経て弁護士に。そんな著者をつくった児童書から歴史小説までを１００冊紹介！

978-4-334-03935-6

833
都市と地方をかきまぜる
「食べる通信」の奇跡
高橋博之

限界なのは地方だけじゃない。都市もだ！　東北の農漁業現場を取材した冊子と、野菜や魚などの生産物をセットで届ける新メディア「東北食べる通信」編集長の〝熱血〟地方創生論。

978-4-334-03936-3

834
武器としての人口減社会
国際比較統計でわかる日本の強さ
村上由美子

労働生産性、女性活躍推進、起業家精神など、さまざまな分野において先進国中、最低レベルの日本。本書ではその弱みを強みに変え、課題先進国として強い国になる策を考える。

978-4-334-03937-0

835
〈オールカラー版〉魚はエロい
瓜生知史

求愛、交尾、産卵……。海に住む生き物たちの驚きの生態は、種をこえた「生きるとは何か？」という素朴な問いを投げかける。一〇〇点以上の写真で迫る、誰も知らなかった海の愛とエロス。

978-4-334-03938-7

836
ヤクザ式 最後に勝つ「危機回避術」
向谷匡史

常に戦場に身を置くヤクザは、一流ほどリスクを鋭く察知し、最悪の事態に陥らない。長年、ヤクザ界を見てきた著者が教える、ピンチを無傷で切り抜けつつ得を取る最強の処世術。

978-4-334-03939-4

837
「ほぼほぼ」「いまいま」?!
クイズ おかしな日本語
野口恵子

日本語の誤用を目や耳にしない日はない。町を歩けば誤用に当たり、店に入れば誤用が出迎える……。現代標準日本語の口語をできるだけ正確に理解し、よりよく使うための一冊。

978-4-334-03940-0

838
テニスプロはつらいよ
世界を飛び、超格差社会を闘う
井山夏生

プロ7年目、最高ランクは259位――プロテニスプレイヤー関口周一の闘いを軸に、その苛酷さ、競争の仕組みを、テニスジャーナル元編集長が丹念な取材で描く。テニス親必読！

978-4-334-03941-7

839
武家の躾《しつけ》 子どもの礼儀作法
小笠原敬承斎

「程を知る」「一歩先を読む」「家の中でも礼を欠かさない」。武士の子どもは礼儀と慎みを躾けられてきた。室町時代に確立された小笠原流の伝書に学ぶ「子育ての秘訣」「親の心得」とは。

978-4-334-03942-4

840
村上春樹はノーベル賞をとれるのか？
川村湊

世間をにぎわす、村上春樹とノーベル賞。村上文学は世界文学たり得るのか？ 受賞に到るまでの基準は？ その功罪は？ 村上春樹と同世代の著者が読み解く、世界文学の見果てぬ夢。

978-4-334-03943-1

841
ISの人質
13カ月の拘束、そして生還
プク・ダムスゴー
山田美明 訳

拘束に至る過程、拷問、他の人質たちとの共同生活、日常的な暴力、身代金交渉、家族による募金活動、そして間一髪の生還——。衝撃のノンフィクション。佐藤優氏推薦・解説。

978-4-334-03944-8

842
給食費未納
子どもの貧困と食生活格差
鳫咲子

給食費を払わない保護者が問題視されている。だが、「払わないなら食べるな」で、片付けていい問題だろうか。「子どもの貧困」を食という側面から考え、福祉の新しい視座を提言する。

978-4-334-03945-5

843
反オカルト論
高橋昌一郎

占いや六曜といった迷信から霊感商法、江戸しぐさ、STAP事件など多様な姿でオカルトは生き続ける。その「罠」に陥らないための科学的思考法を分かりやすい対話形式で学ぶ。

978-4-334-03946-2

光文社新書

844
古市くん、社会学を学び直しなさい!!
古市憲寿
「社会学って、何ですか?」——気鋭の若手社会学者・古市憲寿のあらためての問いに、日本を代表する12人の社会学者たちが、現代社会と対峙しながら、熱く答える。社会学の新たな入門書。
978-4-334-03947-9

845
大人のコミュニケーション術
渡る世間は罠だらけ
辛酸なめ子
自称「コミュ力偏差値42」の辛酸さんが、コミュ力のUPを目指して四苦八苦。うわさ、下ネタ、マウンティング……への対処法とは? ちょっぴり切ない処世をめぐるエッセイ集。
978-4-334-03948-6

846
毎日同じ服を着るのがおしゃれな時代
今を読み解くキーワード集
三浦展
かっこよかったものがかっこわるくなる。新しいものが古くさくなる——「消費」「世代」「少子高齢化」「家族」「都市」の最先端の動きをわかりやすく解説。ビジネスにも役立つ一冊!
978-4-334-03949-3

847
ケトン食ががんを消す
古川健司
世界初の臨床研究で実証! 末期がん患者さんの病勢コントロール率83%。糖質の摂取を可能な限り0に近づける「がん免疫栄養ケトン食」の内容と驚異の研究結果を初公開!
978-4-334-03950-9

848
どうなる世界経済
入門 国際経済学
伊藤元重
テレビでもおなじみ、東大名誉教授のセミナー形式の入門書第二弾。EU諸国、中国、アメリカなど世界の最新潮流がざっくりわかる。国際経済学で、日本経済の未来をつかめ!
978-4-334-03951-6